Ambitious;

Lady and the Maid

Raphael Patkanyan

ՓԱՌԱՍԵՐ

ՏԻԿԻՆ ԵՎ ՆԱԺԻՇՏ

ՌԱՓԱՅԵԼ ՊԱՏԿԱՆՅԱՆ

Ambitious; Lady and the Maid

Contact:

IndoEuropeanPublishing@gmail.com

ISNB: 978-1-60444-826-9

Փառասեր; Տիկին և նաժիշտ

© Հնդեվրոպական Հրատարակչություն, 2015

Հրատարակված է Ամերիկայի Միացյալ Նահանգներում:

Կապ՝

IndoEuropeanPublishing@gmail.com

ISNB: 978-1-60444-826-9

ՓԱՌԱՍԵՐ

186*–ի հուլիսի ամսու մեջ Կովկասի կողմերեն մի տասնինը-քսան տարեկան հայ երիտասարդ եկավ Պետերբուրգ՝ համալսարան մտնելու: Տարեկան, այսինքն կուրսե կուրս փոփոխելու ուսանողական քննությունները նոր ավարտած էին. իսկ նորամուտների քննության ժամանակը շատ հեռու էր, որովհետե նոքա, ինչպես հայտնի է, իրենց քննությունները տալիս են հետ ամառվա արձակուրդին, որ կատարվում է երբեմն օգոստոսի վերջերը, իսկ շատ անգամ սեպտեմբեր ամսու սկզբանն. այնպեսով, մեր հայ երիտասարդը առջևը գրեթե երկու ամիս ազատ ժամանակ ուներ: Նորա այսպես շուտ մայրաքաղաք գալը կարող էր երեք պատճառե հառաջացած լինել, կա՛մ նա ուզացել է առաջիկա քննությունների համար երկարատև և լավ պատրաստվիլ, կա՛մ ուզացել է նա ուսանողական պայմաններին վաղօրոք ծանոթանալ և կա՛մ Պետերբարգի զովված ամառնային դաստակերտական[1] կյանքը վայելել, որ ըստ մեծի մասին լիքն է լինում ռոմանթիկական արկածներով, որք չափազանց հրապուրիչ են գավառաբնակ երիտասարդներուն, և մանավանդ նոցա, որոնց երակների մեջ հորդ վազում է հարավային եռացող արյունը:

Բայց այդ հիշած երեքեն ոչ մինը չէր իսկական պատճառը մեր հայ երիտասարդի ժամանակե առաջ Պետերբուրգ գալուն: Նա ուրիշ հաշիվ ուներ և նորա հաշիվը այս էր: Չքավոր ծնողքի զավակ լինելով՝ նա չուներ հնար յուր սեփական հաշվով չորս կամ հինգ տարի, ինչպես ուսանող ապրելու մայրաքաղաքի մեջ. ի բնե հպարտ և անձնասեր գոլով[2]՝ նա չէր ուզում, յուր շատ համազգի երիտասարդների

[1] Դաստակերտական – ամառանոցային:

[2] Անձնասեր գոլով – անձնասեր լինելով:

նման, մտնել ի թիվս այն երիտասարդների, որոնք լոկ օրական ապրուստի համար, իրանց ամենաթանկագին գանձը՝ իրանց համոզմունքը, դնում են կեղծ ազգասիրության դիմակի տակ… Չէ, մեր նորեկ երիտասարդը շատ բարեկիրթ էր այդ անտանելի պայմանին ինքն իրան ենթարկելու համար: Թիֆլիզի գիմնազիայի մեջ նա առաջին մաթեմատիկն էր. այն չափով և սահմանով, որքան վարժապետները ավանդում էին համաշխարհային պատմություն, աշխարհագրություն, լատին լեզու, և այլն, նա այնպես լավ սովորում էր և լավ գիտեր, որ բոլոր քաղաքի մեջ ամենաընտիր աշակերտն էր համարվում, օրենը ամբողջ տասներկու ժամ յուր դասերով պարապելը նորա համար մի սովորական բան էր դարձել, իսկ ինստիտուտի վերին դասարանի աշակերտուհիները նորա մեջ պինդ արմատացրել էին համոզմունքը, թե նա ունի չքնաղ դեմք ու իրանք: Այսպիսի բնատուր և ստացական գեղեցիկ հատկություններով ամոթ չէ՞ր մի փառասեր երիտասարդի՝ յուր գլուխը ծռել մի քանի հեք մեկենասների[3] առջև, գլուխը՝ որ զարդարած էր արջնաթույր[4], ցոլուն և գանգուր մազերով, ջուխտակ խոշոր, կրակոտ, այրող աչքերով ու անտիկական սիրուն երեսով: Չգիտեմ ինչպես ուրիշը, բայց այդպիսի մանր ու չնչին շնորհի համար շատ անձնասեր էր մեր հայ երիտասարդը: Այո՛, Ալթմազովի միակ պակասություններն էին— անձնասիրությունը և փառասիրությունը:

Հարություն Ալթմազովի… Լսո՞ւմ եք՝ Ալթմազով և ոչ թե Ալթմազյան… Նորա փոքր հասակեն՝ խոհեմ հայրը հավատացրել էր, որ այդ չնչին «յան» մասնիկը կարող էր շատ խոչ ու խութ[5] դնել նորա առջև՝ կենցաղույս ալեկոծյալ

---

[3] Մեկենաս - գիտությունների և արվեստների հովանավոր, արվեստի աշխատողներին, գրողներին, գիտնականներին դրամով օգնող՝ խրախուսող՝ նրանց գրվածքները հրապարակող:

[4] Արջնաթույր - նույնն է արջնագույն, սև գույն ունեցող, սևագույն:

[5] Խոչ ու խութ – ճանապարհին ոտքին դիպչող խութ՝ ցցված՝ քար. *Փոխ.* Խանգարիչ հանգամանք, արգելք:

ծովի մեջ և երբ միամիտ ժամանակ երեխան հորը առջև բերում էր թե՝ այդ մասամբ իվիք կնշանակե ուխտադրուժ լինել ազգային զգացմունքին, և հիշեցնում էր այն անհարմար «յան»–ները, որոնք փոքր առ փոքր, բայց անդադրում հայտնվում են այս և այն երիտասարդների մականվանց ետևներեն՝ խոհեմ հայրը ավելի համոզիչ օրինակ էր բերում մայրաքաղաքի քանի մի պաշտոնատարների «ով» լինելը, որ ամեննին արգելք չէ նոցա ժամանակ-ժամանակ արժանագին ազգասիրական երախտիքներ անելով ազգի մեջ պանծալի ազգասերների հոչակ վայելելու: Ես շարունակում եմ պատմությունս: Հարություն Ալթմազովը ծնել էր Երևանա գավառի անհամար գյուղերից մինի մեջ. նորա հայրը մուլքադար[6] էր և ուներ մի ջաղացք և մի փոքրիկ այգի, որ ամենը միասին տալիս էին նորան տարեկան հազար մանեթի չափ արդյունք, որով նա շատ համեստ կերպով կենում է յուր բազմանդամ գերդաստանովն. բայց մի կոպեկ ավելի չուներ յուր սիրական Հարությունին օգնելու, որ յուր յոթը տարվա Թիֆլիզի գիմնազիայում սովորելու միջոցին մի բմբուլի ծանրություն չի տվեց ծնողքին: Առաջին տարին նա կենում էր մի հեռավոր ազգականի տանը, մյուս տարիները նա արդեն ճարել էր մասնավոր դասեր, որից ստացած փողովն ոչ միայն անդորր ապրում էր, այլև մի պառավ օտարուհու ամսական տասներկու մանեթ տալով՝ սովորում էր նրա մոտ ֆրանսերեն, գերմաներեն և երաժշտաթյուն, որը շարունակեց մինչև գիմնազիայեն դուրս գալը: Տասնինը տարեկան՝ լավ սովորած գիմնազիստ, սիրուն, բարեկիրթ, ո՞ր աշխարհի մեջ կարող էր կորչել, որ Պետերբուրգի մեջ կորչեր, ուր երիտասարդների մեջ, երբեք այնքան շատ լավ պայմաններ չեն ամփոփվում, որքան որ ամփոփված էին Ալթմազովի մեջ: Ալթմազովը վաղուց արդեն սովորել էր

[6] Մուլքադար (գվռ.) - կալվածատեր:

առաջնակարգ աշակերտ համարվելու, շատ դժվար էր նորան այդ համոզմանքեն ու գիտակցութենեն հրաժարվելու՝ կուզեր նորա կեցած քաղաքը Թիֆլիզ լիներ, կուզեր Պետերբուրգ, կուզեր Լոնդոն: Անձնապաստանությունը արդեն նորա մեջ խորունկ արմատներ ձգել էր:

Պետերբուրգ գալով, ինչպես շատերին գրեթե միշտ պատահում է, նա չի շվարեցավ, չի մոլորվեցավ, ինքնիրան չի կորուց. նա յուր կենցաղի և ապագա գործունեության ծրագիրը արդեն վաղուց արել էր: Մայրաքաղաք հասած չի հասած, իսկույն հրամայեց կառապանին՝ տանել իրան Մեծ Մորսկոյ ասած փողոցը, ուր երևելի հյուրանոցներեն մինումը սենյակ վարձեց: Հետո բացեց պայուսակը, հանեց մեջեն պահածու հալավները, հագավ, ծոցը դրավ Թիֆլիզի գիմնազիայեն ստացած վկայաթուղթը և իսկույն գնաց համալսարան, դռնապանեն հարցուց մի քանի, իրան պետքական պրոֆեսորների անունները և հասցեները և սկսավ այցելություն անելու, քանիսին տանը չի գտավ,— նոքա կա՛մ արտասահման էին գնացել, կամ ամառանոց տեղափոխվել, միայն մինին գտավ տանը, որ տեսնելով նրա շնորհալի դեմքը, չափազանց անձնապաստան խոսակցությունը, թղթի միջի վարդապետների գովասանական վկայությանը, եթե. ոչ համակրություն, գոնե ակամա ակնածություն զգաց դեպի այդ ապագա գիտնականը: Ալթմազովը նորանից խնդրում էր յոր համար գտնել մի լավ ընտանիքի մեջ դասեր: Պրոֆեսորը կմկմանով «ստիպենդիայի» անուն տվեց, որով ուզում էր հասկացնել նորան, որ դրամական օգնությունը որ տալիս է համալսարանը խեղճ ուսանողներին, մասամբ իրանից կախված է, եթե միայն նա, Ալթմազովը, աշխատասեր, հառաջադեմ և օրինապահ ուսանող լինի: Երբ որ ստիպենդիայի անուն լսեց՝ Ալթմազովի ցոլուն աչքերեն կայծ ու կրակներ թափվեցան: Ոտքեն մինչև գլուխ չափեց պրոֆեսորին. ստիպենդիա՞, օգնությո՞ւն, ողորմությո՞ւն, այն էլ որի՞ն, մի քաջառողջ հաղթանդամ երիտասարդի, որի հասակը քիչ-քիչ երեք գազ էր, որի երեսատիպարքը ասիական Ապոլոնին էր նման և որի գիտությունը մի փոքրիկ գավառական համալսարանի պրոֆեսորի կհավասարեր... Պրոֆեսորը տեսավ, որ մեծ անմարդավարություն արավ ստիպենդիայի անուն տալով այդպիսի երիտասարդի առջև, որ եթե ասեր թե՝ Ավղանի Յաղուբ խանի որդին եմ, ոչ ոք երկմտելու չէ՛ր, նորա դեմքի վրա այնքան խրոխտ հպարտություն ու անձնապաստանություն էր նկարված: Իսկ սիրունությո՞ւնը, աչքերի ցո՞լքը, քթի անտիկական կտրվա՞ծքը, ճակատի չքնաղ համաչափությո՞ւնը, ասես թե Ֆիդասի կարկինով նախագծած... Յուր ակամա սխալը ուղղելու համար պրոֆեսորը ամենաքաղաքավարի խոսքերով նստեցուց Ալթմազովին, երկար-բարակ խոսեցավ հետը, հարցուփորձ արավ Կավկասի և Հայաստանի վիճակի մասին, թեթև ու աննկատելի կերպով քերվեցավ [7] նորա առտնին պարագաներեն և երբ որ Ալթմազովը առավ գդակը ու պատրաստվում էր երթալու, պրոֆեսորը ամենաքաղաքավարի խոսքերով միամտեցուց նորան, որ այսօր նեթ մի երկու բարեկամների կհանդիպի և անպատճառ կաշխատե նորան բավարար պատասխան տալու: Պրոֆեսորը չմոռացավ հարցնել նորա հասցեն և ապա ճամփա դրավ, և երբ յուր առանձնասենյակը մտավ և ուշքը մի փոքր վրան եկավ, խեղճ մարդը ասաց իրան. «Այս ի՞նչ սատանա էր, խելքս չի հասնում, այդ ի՞նչ մարդ էր, որ ես տեսա՝ իշխանա՞զն էր, թե ավազակապետի որդի, այսքան հպարտություն, այսքան համարձակություն, այսքան արտաքին շնորհք...: Եվ այսպիսի որդիներ ունեցող ազգը հարյուրավոր տարիներե ի վեր ընկճված է կեղտոտ, աղքատ, տխմար, տգետ, անճոռնի թաթարներե ու քրդերե. անհասկանալի՛ է: Չէ՛, հայ ազգի բնության մեջ մի տակավին չի լուծված առեղծանելիք կա»: Եվ երկար ժամանակ խեղճ

[7] Քերել - փխբ. խոսքով շոշափել, խոսքի առարկա դարձնել:

պրոֆեսորի մտքեն չէր դուրս գալիս Ալթմազովի ցոլուն, խոշոր ու մի փոքր արյուն-կոխած աչքերի արած կախարդական ներգործությունը յուր վրա:

Ալթմազովը գնաց յուր հյուրանոցը: Ժամը ճաշի էր: Ծառան հարցուց նորան. «Որտե՞ղ կբարեհաճեիք ճաշ ուտելու, ձեր սենյակի՞ մեջ, թե հասարակաց ճաշարանումը:— Հասարակաց ճաշարանումը,— ասաց Ալթմազովն ու գնաց այնտեղ: Ճաշարանի մեջ մի երկար սեղանի առջև արդեն շատ մարդիկ նստած էին՝ եկավոր բարձր աստիճանավորներ, զինվորականներ, օտար տերության գործակալներ և շատ ռուս և օտարազգի ազնիվ կնանիք: Երբ որ Ալթմազովը յուր սովորական ազատ բռնվածքով ու քայլվածքով գնաց և մի ազատ սպասքի առջև նստավ, ամենքը և մանավանդ կնանիք զարմացած՝ աչքերը նորա վրա դարձուցին և շատերեն մինչև անգամ ակամա հիացման բացագանչություն դուրս թռավ. Mais mon Dieu quelle beaute! Աստված իմ, որպիսի՜ գեղեցկության:

Ալթմազովը չի շփոթվեցավ, այդպիսի բացականչությունների և ավելի խորունկ և համոզիչ արտահայտությունների նա արդեն վաղուց ընտելացած էր. նա թերևս կզարմանար, եթե մարդիկ, և մանավանդ կանայք առանց ուշադրության թողնեին նորան, բայց ամենևին չի զարմացավ, երբ նորա արտաքին շնորհքին հարկավոր հարկը հատացին: Թիֆլիզի ինստիտուտկաներն էին մեղավորը, որ նա այդքան երես առած էր:

Ճաշը վաղուց սկսվել էր և արդեն վերջանալու վրա էր: Մի տարեց խաթուն[8] կին, որ սաստիկ ուզում էր նորա հետ խոսք բանալ, բայց չիմանալով ինչպե՛ս, ասաց նորան ֆրանսերեն. «Պարոն, եթե կներեք իմ, գուցե անտեղի, հետաքրքրությանը, ասացեք, խնդրեմ, սպանիացի չե՞ք արդյոք:— Ոչ տիկին,— պատասխանեց Ալթմազովը նույն

---

[8] Խաթուն (պատմ.) - խազարների թագուհու պատվանուն, տիկին, տիրուհի, հորեղբոր կին, պարկեշտ, առաքինի կին:

լեզվով: «Ուրեմն իտալացի՞ եք»,– շարունակեց անծանոթ կինը:— Իտալացի ևս չեմ,— ասաց Ալթմազովը: «Ես գիտեմ,— ասաց մի չոր-չոր, նիհար, բայց ազնիվ դեմքով կին,— պարոնը Հնդկաստանից է. հնդիկ ռաջայի[9] որդի»:— Այդ ևս ոչ,— ասաց հայ երիտասարդը: «Ես գիտեմ,— ասաց գերմաներեն երրորդ կինը, որ ամենեն մատաղահասն էր,— պարոնը հարավային Ֆրանսայեն է, թերևս Մարսիլիացի»:– Կսխալիք ամենքդ ալ, տիկիններ,— ասաց Ալթմազովը ամուր և համարձակ,— ես Կովկասիցն եմ,— և մի փոքր կակազելով ավելցուց թույլ ձայնով,— ես հայ եմ: «Հա՞յ եք»,— ասացին երեք կնանիքը և իրար երես նայեցան: «Ի՞նչ զարմանալու բան է որ,— ասաց կամաց ձայնով անգլիացի կինը, բայց որը լսեց Ալթմազովը,— կավկասյան ցեղ որ ասում են, այդ ես շատ նոր կարդացի թայմզ լրագրի մեջ, ոչ այլ ինչ է, եթե ոչ բուն հայերը, որոնց մտավոր զարգացումն, կատարելագործության ընդունակությունը և արտաքին գեղեցկությանը միշտ և հանապազ գոված է եղել ամեն ազգերի մեջ: Եվրոպացիք իզուր առզրում են այդ հատկություններն թեթևամիտ վրացիներուն, կիսաթուրք, կիսամոնգոլ չերքեզներուն, այդ սխալ է... Հայտնի բան է, մի քանի ազգերի նախանձն է, որ քաղաքական դիտմունքներէ գրգռված, պարզապես մերժում են և չգիտցողս ձևանում են պատմական ճշմարտությունը: Փոքր Ասիայի ապագան, նույն և Ստամպոլին, այդ խոմ մեր լորդ Դերբին վաղուց ասել է, պատկանում է հայերին, եթե նոքա Թադեսի երկու խոսքը հասկանային՝ «Ծանիր զքեզ»: Այդ թշվառ ազգի բոլոր անբախտությունը այս է, որ 1500 տարիեն ավելի է, որ ինքն իրան ճանաչել չի կարողանում: Հայերին ինքները իրանց չի ճանաչելը, իրանց արժեքը չիմանալը շատ ձեռնտու է Տաճկաստանին, և այդ ազգը, յուր սեփական շահերի համար, ամեն հնար գործ է դնում, ուրիշ դիպվածներումն

---

[9] Ռաջա - ազնվական իշխանների և տեղական (նահանգների, երկրամասերի ևն) տիրակալների տիտղոսը Հնդկաստանում:

խորամանկ, բայց այդ տեղում թեթևամիտ հայերին հավիտենական անգիտության ու կուրության մեջ պահելու, նախնյաց պատմությունը իմաստասիրելը [10], որ միշտ հետնորդների աչքը բացել է, ուշի-ուշով աշխատում են հայերից հեռացնել՝ իբր զուր ժամանակի կորուստ և անօգուտ աշխատանք, մինչ՝ հայերու բախտը, ամեն գիտություններեն առաջ, դորանից է կախված: Խե՜ղճ ազգ»:

Այս խոսքերը, հարևանցի ասած, մեծ օգուտ կուտային Ալթմազով երիտասարդին, եթե այն րոպե նա յուր անձով չափազանց զբաղված չլիներ: Այդ ու այդպիսի խոսքերը, նա «յան» մանիկի հետ միասին վաղուց հանել էր մտքեն, ինչպես «կենցաղույս ծովի մեջեն դուրս ցցված խութքերը», որ կարող էին նորա նավին վնաս հասցնել, ինչպես որ օր ու գիշեր խրատել էր նորան զավակասեր ծնողը:

Ճաշեն հետ կնանիք և մի քանի օտարազգի երիտասարդներ գնացին մյուս սենյակը, ուր կար դաշնամուր, և սկսան՝ ո՛րը երգել, և ո՛րը նվագել: Ալթմազովն էլ գնաց խառնվեցավ նոցա մեջ: Ամեն տեղ նկատված է, որ զանազան կողմերե ժողովված օտարազգիներ՝ թե՛ նավի, թե շոգեկառքի և թե՛ հյուրանոցի մեջ, առավել շատ և սերտ կբարեկամանան, կմիավորվին, քան թե իրանց սեփական քաղաքումը, իրանց սեփական օջախի առջև, որն ամեն մարդ հաչաղկոտ [11] աչքով պահպանում է օտարի ասպատակութենեն [12]: Հյուրանոցի օջախն այն առանձին հատկությունը ունի, որ ամեն ազգի մարդոց բերում, միավորում է յուր հյուրընկալ շրջապատը:

Կուշտ և թեթև ճաշեն հետ ամենքը տրամադրված էին զվարճության, դաշնամուրի առջև առաջինը նստավ անգլիացի կինը և սկսավ Սկովտիայի սարերու ուրախ ու խաղացկուն արձագանքները հնչեցնել, հետո նստավ

---

[10] Իմաստասիրել - գիտականորեն քննել, ուսումնասիրել, հետազոտել:

[11] Հաչաղկոտ - նախանձոտ:

[12] Ասպատակ - ավարի համար կատարված արշավանք (հեծելախմբի): Ասպատակություն- այստեղ՝ գողություն:

(դաշնամուրի առջև) գերմանացին ու սկսավ Ստռաուսի վալսերը ածելու, որ դարձյալ դեպի պար էր հրավիրում, բայց լողին գրեթխենների հետ, լուսնյակ գիշերով, Թյուրթոնբուրգի այսերով ու փիուկներով լցված անտառումը: Հերթը հասավ ֆրանսիացի կնոջը, որը նվազեց Ga ira-ն և Marseillaise-ը[13], որն լսելիս մարդ կատաղում էր:

Անգլիացի կինը դարձավ Ալթմազովին ու հարցուց. «Պարոնը սիրո՞ւմ է արդյոք երաժշտություն»— Ոչ միայն սիրում եմ, այլ մի փոքր գիտեմ ևս, ասաց նա և համարձակ գնաց նստավ դաշնամուրի առջև: Այս համարձակությունը ծիծաղելի լրբություն կարող էր երևել հյուրերի աչքին, եթե հենց առաջին ակորդները առնելիս, նոքա չնկատեին, որ Ալթմազովը ոչ միայն սիրուն երիտասարդ է, այլև լավ երաժիշտ է, եթե ոչ նվագահանդեսներումն նվազելու համար, գեթ տնական ընկերության մեջ: Մի ահեղահնչյուն ներածությունից հետո, Ալթմազովը նվազեց պոպուրի Կովկասի սարերու մեջ երգված տաղերեն, որոնք թե՛ իրանց նորությամբ և թե՛ մեղեդիների ինքնուրույնությամբ, հյուրերի վրա եթե ո՛չ հրապուրիչ, գոնե չափազանց ցնցող, ապշեցնող ազդեցություն արին: Երիտասարդ հայի մատերի արագությունը, երաժշտության ինքնուրույնությունը, ունկնդիրների նյարդերի թուլությունը, նվագողի կրքոտ բնությունը միասին առած, այնպիսի տպավորություն արին կանանց վրա, որը կարող եմ միայն աստվածաշնչի օձի՝ մեր նախամորականջին փսփսած ձայնին– համեմատել: Mais c'est la perfection que jeune armenien la [14] (Բայց կատարելություն է այս երիտասարդը), – ասաց ֆրանսիացի կինը, կրքոտ աչքերը Ալթմազովի վրա նետելով:

— Das ist gefahreich [15],— ասաց գերմանացի կինն ու աչքերը խոնարհեց:

---

[13] Ֆրանսիական հեղափոխական երգեր:

[14] Բայց կատարելություն է այս երիտասարդ հայը:

[15] Հիանալի է:

— Անպատճառ Բագրատունիի ցեղեն պիտի լինի սա, ասաց անգլիացի կինը, այսքան կատարելություն մի մարդու մեջ՝ ակներև նշան է նրա կամ լորդի, կամ արքայական ցեղե լինելուն:

Երբ որ հյուրերը կամաց-կամաց հեռացան, Ալթմազովն էլ գնաց յուր սենյակը և ուզում էր փոքր-ինչ հանգստանալ: Հանկարծ սեղանի վրա թատրոնի երկու հայտարարություն տեսավ՝ մինը ռուսաց կոմեդիայի ներկայացման էր, իսկ մյուսը բալետի: Իհարկե երիտասարդը, և այդ՝ երակների մեջ հարավային արյուն ունեցողը կգերադասե երկրորդը: Սիրուն փիունկների նման աղջիկներ, բեմի վրա ձևացուցած առասպելական աշխարհ, հանդիսատեսների ճոխ ու շքեղ հագուստն ու թանկագին զարդարանքը, ամեն տեղ գեղեցկություն և երիտասարդություն, արյունի խաղ երեսների վրա, կրքերի արտահայտություն աչքերի մեջ, հոգեկան արբեցումն, մարմնո գրգիռը, թմբրի[16] բոլեական գիրկ, որից հետո սպասում է անողոք մահ ու չգիտեմ ո՞ր իսկական երիտասարդի երևակայությունը չէր հրապուրիլ այսպիսի չքնաղ հեռանկարը, և ի՞նչ զարմանք, որ մեր համազգին նախադասեց արյուն եռացնող բալետը՝ կրքերը պաղեցնող խրատական կոմեդիային: Նա գնաց բալետ և նստավ բազկաթոռների երրորդ կարգը: Առաջին նվագ[17] հանդիսատեսներեն ոչ ոք նրա վրա ուշք չդարձուց. բայց երբ որ վարագույրը բարձրացավ ու մայրաքաղաքի սիրական առաջնակարգ դերասանուհին գետնից մի կանգնաչափ թռչտելով՝ եկավ ու ոտքի մատերի ծայրերի վրա կանգնեցավ բեմի մեջտեղը և հազարավոր ձեռների ծափահարության ուզում էր իր շնորհակալությունը հայտնել գլխու քնքուշ խոնարհելովն ու ձեռների շնորհալի շարժելովը,– հանկարծ աչքը ընկավ Ալթմազովի վրա և քանի մի ակնթարթ անշարժ, ապշած մնաց: Այդքանը բավական էր, որ հանդիսատեսները

---

[16] Թմբիր – թմրություն, թմրադեղ, թմրանյութ:

[17] Նվագ - որևէ բան անելու՝ գործողություն կատարելու քանակը, անգամ:

հասկանային նորա ապշության պատճառը, բոպե չանցած՝ շատերի բինոկլները ուղղվեցան Ալթմազովի վրա: Ալթմազովը իսկույն հասկացավ, որ այս բոպեիս երկու ճանապարհ է բացվում նորա առջև, կա՛մ մնալ թատրոնի մեջ և Պետերբուրգի աոյուծների շարքը ընկնել, կա՛մ, փախչել ու իր առաջադրած նպատակեն չխոտորվել: Հորը խրատները նորա մեջ խոր արմատներ էին ձգել: Նա կամացուկ թողեց թատրոնը և հեռացավ: Բայց թե ի՞նչ խրատներ էր տվել նորա հայրը՝ ասել չեմ կարող, եթե ցանկանայի ևս. բայց կարդացողը պարզ կտեսնե այդ, երբ որ այս ճշգրիտ պատմությունը մտադրությամբ ծայրե ծայր կկարդա:

Պատվական ընթերցող, չմոռանաս որ այս ամեն բանը, որ ես քեզ պատմեցի, պատահեցան իմ հերոսի՝ մայրաքաղաք գալու առաջին օրը. և եթե, դու այդպիսի լիակատար ստորագրություն [18] նորա ամեն մի քայլափոխին սպասում ես ինձանից նորա չորս տարվա կյանքի Պետերբուրգի մեջ՝ խիստ կսխալիս: Ես աշխատեցա այս օրվա անցքերով փոքր ի շատե քեզ ծանոթացնել Ալթմազովի ո՛չ միայն մինչև այժմ անցուցած տարիներու հետ, այլև այն բանին, թե այսուհետև մոտ ի մոտո ի՞նչ դերեր խաղալու ընդունակություն ունի նա: Կարողացա՞ արդյոք քեզ հասկացնել, թե դա ինչ երիտասարդ է և կամ նորա մուլքադար հայրը ի՛նչ բնավորության տեր մարդ է եղել, կյանքի վրա ի՛նչ հայացք է ունեցել ինքը կամ ազդել է յուր որդուն: Ես քեզ սոցա հոգեբանական խնդիրներու լուծմունքը չեմ անիլ, ես իմ սեփական եզրակացությունները չեմ անիլ, ես քեզ զանազան կենցաղական խրատներ չեմ տալ և ազգաշահ խորհրդածություններ չեմ անիլ: Նախ որ կամենայի ևս, ես չէի կարող, երկրորդ, ես գիտեմ, որ ամեն մարդու ավելի հաճելի է իրեն ծամելը, քան թե ուրիշի ծամածը կուլ տալը, գիրքը, որ խրատում է, երբեք չի տալ այն

[18] Ստորագրություն – այստեղ՝ նկարագրություն:

օգուտը, որ կուտա այն գիրքը, որի վրա կարդացողը մի փոքր խելք պիտի մաշե: Ինձմե պատվելի կարդացողը շատ պահանջմունք թող չի ունենա, բավական է, որ արդարասեր պատմաբանի պարտքը բարեխղճությամբ կատարեմ, իսկ դու, կարդացող, իմ պատմածը քու խելքով հասկացի՛ր ու դատե:

Ալթմազովը որ տուն եկավ, հրամայեց մի թաս թեյ տալ իրան, որն ծառան իսկույն բերեց, և քանի որ նա խմում էր՝ գնաց նորա անկողինը հարդարեց և ապա հեռացավ: Նորա գնալեն հետ, Ալթմազովը պառկեցավ և քանի րոպեեն՝ խորունկ քնեցավ:

Պետերբուրգը հայաստանցի երիտասարդների փառասիրությունը երկու մարդու օրինակներով գրավում է. առաջին օրինակը տվեց Ղարախանովը. իսկ երկրորդը վրացի իշխան Վաչինաձեն: Ղարախանովը մի ղարաբաղցի տղա էր, շատ սիրում էր պառավ ու հարուստ այրիներուն Բոքաչիոյի հարյուր վեպքը պատմելու, որո փոխարեն ստանում էր նոցանից «ի հիշատակ խորին հարգանաց» ոչ միայն թանկագին մատանիներ, այլև մեծագումար բանկային տոմսակներ. բանի վերջը այն եղավ, որ խեղճ երիտասարդին «բարի գործելու համար» Սիբիր ուղարկեցին, իսկ Վաչինաձեն մի սիրուն վրացի էր, որ մեր Ալթմազովի նման, երբեմն բարի մտքով եկել էր Պետերբուրգ համալսարան մտնելու, որն չհաջողվեցավ նորան. վասնզի[19] գիմնազիա եղած ժամանակը, երևի, սա ավելի հաճախ հայելիի էր նայել, քան թե յուր դասագրքերու վրա, և ավելի շատ՝ աղջիկներու գովասանքին էր ականջ դնում եղել, քան թե վարժապետի դասախոսություններին. մեկ խոսքով՝ նորա գիտությունը շատ տկար է եղել համալսարան մտնելու համար: Երբ «իմաստության տաճարի» դռները փակվել են աշխարհասեր վրացի երիտասարդի առջև, նա բարի է համարել զինվորական ասպարեզ թևակոխելու, որ տվել է նորան

[19] Վասնզի – որովհետև, որպեսզի:

արտոնություն՝ սիրուն նշանազգեստներ հագնելու, և երբ մեր պատվելի իշխան Վաչինաձեն յուր սիրուն դեմքով և սիրուն նշանազգեստովն շրջում է եղել (դու աշտանակիլ հասկացի՛ր) մայրաքաղաքի փողոցների մեջ՝ հանկարծ մի հարուստ ռուս այրի աչքը ձգել է մասամբ նորա սև մազերի ու բեղերի և մասամբ նորա իշխանական տիտղոսի վրա, և մի պատվական օր մեր աղքատ վրացին հարուստ իշխան դարձավ:

Ցավ է ասելը, մեր Ալթմազովը, հոր խրատներեն համոզված, յուր առջև օրինակ ուներ միշտ այս վրացի իշխանին: Թեև ամենքը գիտեն, որ Վաչինաձեի վերջը շատ արտասվալի եղավ, բայց այդ բանը ոչ ոքի չի խրատեց, մանավանդ հայերուն, և Ալթմազովի հայրը կարծում էր, որ այդ վատ հետևանքին նրա որդին երբեք չի հանդիպիլ. հայը ի բնե վրացիի պես, շռայլ, թեթևամիտ չլինելով, երբեք չի վատնիլ յուր ձեռքի հարստությունը, իսկ հարստությունը՝ այդ բանի մեջ ամեն հայ համոզված է, աշխարհիս երեսին ամեն բարիքե վեր է, հարստություն, որ թեկուզ ձեռք բերած լինի մոլության և ոճրի գնով:

Ինչ և իցե: Ալթմազովը եկել էր Պետերբուրգ ոչ միայն գիտություն և ուսումնական աստիճան ստանալու, այլև մի աիագին օժիտով աղջկա հետ պսակվելու: Այս խորհուրդը նորան ներշնչած էր գրեթե օրորոցի մեջեն: Գիմնազիայում սովորելը և լավ սովորելը, Պետերբուրգ գալը՝ ուսումն շարունակելու համար, խոհեմությամբ իր բարոյականությունը անբիծ պահելը ոչ թե կյանքի նպատակ, այլ միջոց էր նորա աչքում՝ հարուստ (բայց շատ հարուստ) աղջկա վրա պսակվելու համար:

Որքա՜ն հերոսական միջոցներ՝ մի չնչին՝ մանր, եսամոլ նպատակի համար:

Ա՜խ, հայ, դու միշտ այդպես եղել ես, է՛ս և պիտի, գուցե, երկար ժամանակ լինես: Ինչո՞ւ զարմանում ես, որ ազգերու առջև արհամարհված ես. ինչո՞ւ ուրեմն սիրտդ ցավում է, երբ օրինավոր ազգերու ընկերությունեն, ճիվեղ [20] բռնած, քեզ միշտ դուրս են հանում:

Երբ որ Ալթմազովը մյուս օրը զարթեցավ, ծառան մի տոմսակ բերեց տվեց նրա ձեռքը: Տոմսակի մեջ մոտ ի մոտո այսպես էր գրած.

«Պարոն Ալթմազով,

Համաձայն Ձեր ցանկության, ես երեկ իսկույն, Ձեր հեռանալեն հետ, շրջեցի իմ ծանոթներին, նոցանից մինը, որովհետև ես շատ գովասանական բաներ էի ասել Ձեր մասին, հոժարեցավ Ձեզ տնական վարժապետի պաշտոն տալու: Լավ և նշանավոր մարդ է իշխան Կաբիլքինը: Հուսամ որ նորա ընտանիքի մեջ Ձեզ լավ կլինի: Երեխայքը, որքան ես ճանաչել եմ, համեստ և ընդունակ են, իսկ նոցա ծնողքը հարուստ, և որ գլխավորն է, լուսավորյալ մարդիկ են. ուրեմն Ձեր աշխատանքը չի կորչել և դուք, թերևս, նորա տան մեջ Ձեր նպատակին կհասնիք: Հացեն Անգլիական գետափի վրա, սեփական տան մեջ: Շտապեցեք:

Մնամ Ձեզ բարիք կամեցող X. Z.»:

Յուր նպատակին այսպես շուտ հասնելը այս անգամ էլ չզարմացուց Ալթմազովին, որին բախտը գրեթե օրորոցեն այնքան երես էր տվել, որ նա տակավին չգիտեր ի՛նչ ասել է ձախորդությունը: Կաբիլքինի հոժարությունը նա վերաբերեց իր հատկությանը և ո՛չ ազնիվ պրոֆեսորի բարեխոսության, մտքի մեջեն անգամ շնորհակալ չեղավ այդ բարի մարդուն: Քա՛նի-քա՛նի ուսանողներ ամիսներ և տարիներ սպասել են և չեն հասել չնչին վարձատրության՝ բոլոր իրանց պատրաստությունով հոգով չափ աշխատելու, միայն թե մի փոքր ապահոված լիներ նոցա օրական ապրուստը և տաք բնակարանը: Բայց ի պատիվ Ալթմազովի, այն էլ պետք է ասել, որ նա ոչ միայն յուր չքնաղ արտաքինով, այլև յուր

---

[20] Ճիվ - թև:

գիտությամբ շատ ու շատ գերազանց էր թե՛ համազգի և թե՛ օտարազգի ուսանողներեն: Չորս տարվա ընթացքումն, որ Պետերբուրգ անցուց, Ալթմազովը չուներ յուր ախոյանը ուսանողների մեջ. այն չեմ ասում, որ մայրաքաղաքումը արտաքինը ոչ միայն մեծ նշանակություն ունի, այլև միակ հատկություն է հաջողություն ունենալու համար:

Ծերունի Ալթմազովի իր որդուն տված խրատներեն մինն էլ այս էր, որ ծախսի առջև երբեք կանգ չառնու. իր սեփական պետքի համար երբեք փող չի խնայե. «Շատ մսխողը, ասում էր նա, շատ դատել (վաստակել) կիմանա, միայն հեք բնությունով մարդիկն են, որ փող դատելը և գումար շինելը խնայողության և իրանց մանր-մունր բաների մեջ զրկելումն են տեսնում»: Հյուրանոցի դռնեն դուրս գալով, մի սիրուն ձիով կառապան տեսավ ու մատով արավ: «Ո՞ւր կիրամայեք»,— ասաց կառապանը:— Անգլիական գետափը,— ասաց Ալթմազովը: «Եթե մեկ մանեթ չեք խնայիլ, թռչունի նման կտանեմ»,— ասաց սիրուն և լպստած երեսով կառապանը: Ալթմազովը ոչինչ չպատասխանեց ու նստավ կառքը. և իրավ որ դարդիմանդ կառապանը սանձերը մի թեթև թափ տվեց, ձին թռչունի նման սլացավ և թռցրեց մեր գեղեցիկ պատանիին:

Առավոտվա ժամը 9-ն էր, որ Ալթմազովը մոտեցավ Կաբիլքինի տանը և քաշեց դռան զանգակը: Քանի որ դռնապանը դուռը կբանար, նա քսակեն հանեց մի մանեթանոցը և ձգեց կառապանի առջև: «Կիրամայե՞ք որ ձեր պայծառափայլության սպասեմ»,— ասաց կառապանը գդակը հանելով:— Կուզես՝ սպասե,— ասաց Ալթմազովը,— ես կարելի է շուտ դուրս կուզամ, բայց կարելի է կես ժամի չափ մնամ ևս: «Ոչինչ, ես ձեզ կսպասեմ»,— ասաց կառապանը: Ալթմազովը չպատասխանեց նորան ու ներս մտավ, վասնզի դռնապանը արդեն բացել էր դուռը:— Իշխանը տա՞նն է,— հարցուց Ալթմազովը: Գոռոզ դռնապանը, փոխանակ նորա հարցմունքին ճիշտ պատասխան տալու՝ «Ձեր մասին ինչպե՞ս հայտնեմ նորին պայծառափայլության»,— ասաց։— Նա ինձ սպասում է,— ասաց ոչ պակաս գոռոզությամբ, վրայի պալտոն դռնապանի ձեռքը ձգելով, հետո քաշեց հանեց աջ ձեռքից ձեռնոցը, գդակը ձախ ձեռքը առավ ու աջով շքեղ գանգուրները շփելով, սկսավ մարմարյա սանդուղքների վրա բարձրանալու, որի ամեն մի աստիճանը զարդարած էր հախճապակյա թաղարների [21] մեջ տնկած հազվագյուտ ծառերով ու ծաղիկներով։ Դռնապանը բերանը բացած, զարմանալով երիտասարդի ետևեն էր նայում։ «Երևի օտար տերության գործակալ է կամ դեսպանության քարտուղար է»,— ասաց մտքի մեջ։ Նախասենյակումը հանդիպեցավ մի ուրիշ սպասավոր, որ նույն հարցմունքը արավ, ինչ որ դռնապանն էլ արել էր։ «Ալթմազով՝ Կովկասեն»,— կարճ կտրեց մեր երիտասարդը և խոժոռ նայեցավ նորա աչքին։ Սպասավորը գնաց և շուտ վերադարձավ, ասելով՝ «համեցեք», և նորա առջև բացեց առանձնասենյակի դուռը։

Իշխան Կաբիլքինը քառասունհինգ տարեկան բարձր աստիճանավորի դեմքով մարդ էր. թեև վրայի քնազգեստը մի փոքր հնացած էր և կերպասի գույնը թռած, բայց սենյակի առաստաղեն կախված ջահը, խորշերումը պատվանդաններու վրա դրած մարմարինյա արձանները, սեղանի վրա շարած raticles de Paris[22] ասած հազար տեսակ ոսկիե, փղոսկրե, կրիայի խեցիե շինած թանկագին մանր-մունր իրեղենքը, զույտ սաթե կես կանգնաչափ մանդշթունքները [23] ակներև ապացույց էին նորա հարստության. էլ չիշեմ թանկագին գորգերը, որ փռված էին գետնի վրա, ուր մարդուս ոտքը, ինչպես բարձր արոտի մեջ, խրվում էր, էլ չասեմ արբանոս փայտե շինած և ոսկի թիթեղով պատած աթոռները։ Երբ Ալթմազովը ներս մտավ՝ նույն լակոնական [24] ոճովն ասաց. «Ալթմազով՝ Կովկասեն»։

---

[21] Թաղար – ծաղկաման։

[22] Փարիզում պատրաստվող պերճանքի առարկաներ։

[23] Մանդշթունք, մունդշտուկ – ծխափող, ծխամորճ։

[24] Լակոնական - կարճառոտ, ոչ երկարաբան, կարճ ու կտրուկ։

— Այո՛, այո՛,– ասաց իշխանը, տեղեն բարձրանալով.– ինձ պարոն պրոֆեսորը շատ լավ բաներ ասաց ձեր մասին, շատ ուրախ եմ, շատ ուրախ եմ. համեցե՛ք նստեցե՛ք,– ասաց և ցույց տվեց մի փոքր հեռվումը կեցած մենավոր աթոռ կարմիր փայտե:

Ալթմազովի համար այդ րոպեն կտրողական էր. նա կայծակի արագությամբ հասկացավ, որ իշխանը երկու տեսակ այցելուների հետ գործ ունի սովորաբար, մինը խնդրողք և մյուսը հավասարք: Այդ ցույց տված մենավոր կարմիր փայտե աթոռը անշուշտ նշանակած էր խնդրողների համար, որոնց կարելի էր «մի փոքր չի պատվել». իսկ հավասարների համար՝ ի՞նչ ասել կուզե, նշանակած էին թանկագին ոսկեզօծ աթոռները: Ալթմազովը մեծքիթ տղա էր, մի փոքր էլ լիրբ, նա գդակը կարմիր աթոռի վրա դրավ, իսկ ինքը իշխանազնի համարձակությամբ, բայց բարեկիրթ երիտասարդի համեստությամբ նստավ նորա առջևի ոսկենկար և դիպակով ծածկած բազկաթոռի վրա: Իշխանի երեսին մի զարմանքի և տհաճության զգացմունք նկարվեցավ, բայց և շուտ անցավ: Կաքիլքինը ոչ նոր, այլ օխտը պորտով արիստոկրատ էր, արտաքին և մանր-մունր բաներու մեջ մեծահոգի ձևանալը (որով շուտ խաբվում են հասարակ մահկանացուները) մեր, այսինքն Ռուսաստանի մեծատուներու տարիներով սերտած աշխարհածանոթությունն է: Բավական երկար տևեց նոցա մեջ լռությունը:

— Ինչո՞վ կարող եմ ձեզ օգտավետ լինել,— ասաց վերջապես իշխանը, որ կամենում էր այդ ձանձրալի լռությանը վերջ տալ, մանավանդ որ Ալթմազովը յուր կրակոտ, անվախ աչքերը ուղիղ ցցել էր նորա մի փոքր կարճատես աչքերին:

— Մի՞թե պրոֆեսորը խոսած չէ իմ մասին,— ասաց Ալթմազովը:

— Դուք արդեն ուսանո՞ղ եք:

— Կարծեմ այո՛, վասնզի իմ վկայագիրը տալիս է ինձ իրավունք՝ առանց քննության մտնելու համալսարան,— պատասխանեց Ալթմազովը լավ ռուսերեն առոգանությամբ:

— Այո՛, այո՛, այդ ինձ ասել էր պրոֆեսորը,— ասաց իշխանը, որ ավելի և ավելի կորցնում էր յուր կախարդանքը մի «խեղճ խնդրողի» վրա:

Դարձյալ լռություն: Ալթմազովը յուր խոշոր աչքերը հարցական իմաստով տնկել էր իշխանի վրա: Այդ րոպեին դուռը բացվեցավ և թագուհու քայլվածքով ներս մտավ հիանալի գեղեցկությամբ՝ Բալզակի գոված տարիքով մի կին:

Իշխանը ոգի առավ, նա նման էր Սոլֆերինոյի ճակատամարտի մեջ պատերազմող Նապոլեոնին, որին ասացին թե՝ ահա Մակ-Մահոնը գալիս է քեզ օգնության:

Իշխանուհին ներս մտավ. շնորհալի շարժվածքով ձեռքը պարզեց մարդուն, ունքով պատասխանեց Ալթմազովի ողջունին և նստավ իշխանի մոտ: Ալթմազովը ուզեց յուր աչքերի կախարդությունը իշխանուհու վրա ևս փորձել, բայց իշխանուհին շուտ հասկացավ մեր երիտասարդի «ֆոկուս–փոկուսները» և այնպիսի քիթ ու պռունկ արավ, որ պ. Ալթմազովը յուր ամենահաղթ զենքը խոնարհեցուց:

Իշխանուհին փորձառու և կանոնավոր դաստիարակություն ստացած կնիկ էր. նա վաղուց լսել էր մանր ու կեղտոտ հաղթությունների մասին, որ կովկասցի երիտասարդները, ի վնաս իրանց առողջությանը և գեղեցկությանը, կատարում են պարզամիտ ռուս աղջիկների, այրիների և պառավների վրա. նա այդպիսի զարշելի անբարոյականության համար ի բոլոր սրտե ատել էր Կովկասը և նորա բնիկներուն: Երբ որ իշխանը տեսավ, որ նորից լռություն տիրապետեց, խոսքը կենդանացնելու համար, ասաց Ալթմազովին. «Կարո՞ղ եմ հարցնել ինչ ազգից եք դուք»:

Իշխանուհին ժամանակ չտվեց Ալթմազովին պատասխանելու և իսկույն դարձավ մարդուն և ասաց.

Mais, mon Dieu, que vous etes naif certainement que monsieur est armenien[25].

Ալթմազովը միայն գլխով արավ, որ նշանակում էր, թե իշխանուհին իրավացի է՝ բայց և հասկացավ իսկույն, որ նա վերջապես գտավ յուր ախոյանը: Ալթմազովը, որ գրեթե ծնած օրեն տեսած չէր մարդոց երեսի վրա բացի սերեն և հարգանքեն ուրիշ զգացմունք և այժմ նկատելով իշխանուհու աչքերի և ձայնի մեջ անհրաժեշտ ատելություն դեպի իրան՝ չի վհատեցավ. ինքն իրան երդում արավ մինչև վերջը պատերազմել, եթե հնարը գտնե՝ հաղթել, ապա թե ոչ՝ հաղթվել՝ ծունր իջնել նորա առջև, ոտերը համբուրել, նորա ստրուկը դառնալ, բայց.... չի հեռանալ: Ինչո՞ւ: Ով գիտե զնա իրան հարցար: Ցա՛ն զգացմունք՝ լիզել զարնող ձեռքը:

Հա՛յեր, Ալթմազովի այս բնավորութենեն ամենիս մեջ փոքր-փոքր չիկա՞ արդյոք:

Իշխանուհին դուրս գնաց և իսկույն ասաց աղջկան «Հորդ սենյակումը մի այնպիսի գեղեցիկ երիտասարդ կա որի նմանը ոչ իրական կյանքի, ոչ երևակայության մեջ և ոչ պատկերի վրա տեսել ես, կամ պիտի տեսնես. Բելվեդերի Ապոլլոնը դորա առջև ոչինչ է. բայց ափսոս որ հայ է. հայ է ոչ միայն ծնունդով, այլև բնավորությունով: Մի՛ վախենար, դու չես սիրահարվիլ, վասն զի դու ռուսի столбовая[26] ազնվուհի ես, իսկ նա՝ առմիաշքա է»:

Աղջիկը այնպես պինդ ծիծաղեցավ, որ ձայնը մինչ Ալթմազովին հասավ: Նա թեև մոր ու աղջկա իրար հետ ունեցած խոսակցությունը չլսեց, բայց այդ ծիծաղի ձևեն հասկացավ, որ այս այն տունը չէ, ուր նա մտադիր էր յուր հոր խորհուրդները էացնելու: Բայց անձնապաստանությունը, համառությունը և յուր խորամանկության ամենակարողությունը նորա մեջ խոր արմատներ էին ձգել:

---

[25] Բայց, աստված իմ, որքան միամիտ եք. պարոնը հայ է անշուշտ:

[26] Столбовая (պատմ.) – տոհմական:

Քանի ժամանակից հետո աղջիկն էլ ներս մտավ, նա էլ տեսավ, որ Ալթմազովը երևելի սիրուն երիտասարդ էր. նորա խոսակցութենեն նկատեց, որ յուր տարիքի համար չափազանց մեծ գիտություն և փորձառություն ունի, քանի՜ – քանի՜ անգամ նորա աչքերին չի դիմանալով՝ յուրերը խոնարհեց և երբ որ հեռացավ՝ սրտեն խորունկ ա՜խ հանելով, ասաց. «Մեղք որ հայ է», բայց մի փոքր հետո ավելացուց. «Ա՜խ, ինչո՞ւ մայրս ատում է Կովկասցիներուն. այդ ի՞նչ նախապաշարմունք է. մի՞թե ամենքն էլ Ղարախանովներ ու Վաչինաձեներ են. խեղճ երիտասարդը դեռևս տասնինը տարեկան է, դեռևս երեխա է, ազնիվ պրոֆեսորներուն դասախոսությունները, ազնիվ մարդոց բարեկամությունը, ազնիվ երիտասարդների կենակցությունը և... ազնիվ օրիորդների ընկերությունը մի՞թե չեն կարող բնավորության մի քանի անհարթությունները ուղղելու... բայց այդպիսի ցոլուն, խոշոր աչքեր, այդպիսի գեղեցիկ, անտիկական երեսի տիպարք... չէ՛, չէ՛ մայրս սաստիկ սխալվում է, մորս աչքը վախեցած է»...

Իշխան Կաբիլքինը ոչինչ պատճառ չուներ Ալթմազովի առաջարկությունը մերժելու, մանավանդ որ նորա մոտիկ բարեկամ, մաթեմատիկայի պրոֆեսորը մեծ գովասանքով խոսել էր նորա հաջող գիտության մասին, գրեթե ամեն գիմնազիական առարկաների մեջ. հայտնել էր նորան և այն կարծիքը, որ նա ոչ այնքան փողի համար է պաշտոն փնտրում, որքան մի ազնիվ գերդաստանի մեջ բնակվելու, վասնզի ինքն էլ, թեև չքավոր է, բայց ազնիվ սերնդե է, և չէ ուզում, շատ ուրիշ յուր համազգիներու նման, ընտանիքե դուրս բնակվելով, նույնիսկ մայրաքաղաքի մեջ անցնել կիսավայրենի կյանք՝ հեռու ընտանեկան անմեղ վայելչություններե, հեռու քաղաքային և ընտանեկան կյանքե, որից միշտ զուրկ են վարձած սենյակներումը բնակվող երիտասարդները։

Իշխան Կաբիլքինը նշանակեց նորան յուր տան մեջ մի

զարդարուն սենյակ, ճաշ, թեյ, սուրճ, նախաճաշիկ, լվացք, ծառա և ամսական հարյուր մանեթ ռոճիկ: Մեկ ուրիշ ուսանողի այսպիսի պայմանը երջանկություն կերևեր, բայց Ալթմազովը բավականին քիթը կախած վերադարձավ յուր հյուրանոցը, որ յուր պայուսակը ու մյուս բաները բերե. իշխանուհիի լուռ պատերազմը նորա սիրտը «որոտ» ձգեց: Կառապանը անհամբերությամբ սպասում էր նորան, որ այս անգամն ևս ստացավ նորանեն մի ուրիշ մանեթանոց: Հյուրանոցումը նախաճաշիկը նորից ժողովեց երեկվա հյուրերուն. այս անգամ Ալթմազովին երեք օտարուհիները և նոցա հետ ուրիշները՝ ինչպես հին բարեկամի բարևեցին, դարձյալ միասին կերան ու խմեցին, դարձյալ հետ սեղանին, գնացին մյուս սենյակ երգելու և նվագելու, դարձյալ Ալթմազովը յուր շարադրած ասիական մեղեդիներեն մինը նվագեց նոցա առջև, նորից ծափահարեցին նորան, նորից իրանց մեջ փսփսալով, բայց նորա ականջին հասցնելով, գովեցին նորա երաժշտական քանքարը, դեմքի ու իրանքի գեղեցկությունը, բարեկրթությունը, բայց, ավա՜ղ, նորա տրտմությունը փարատել չի կարողացան: Իշխանուհին նորա անձնասիրությանը անբուժելի խոց էր հասուցել: Երկու ձայն նորա մեջ բարձրաբարբառ խոսում էին. «Փոխե՝ նպատակդ, թո՛ւր զոռոզ իշխանուհու վրա, ազնի՛վ եղիր, ուղիղ ճամփով առաջ գնա», իսկ մյուսը ասում էր. «Հիշե՛ հորդ խրատները, խորամանկ եղիր, ինչ հնարով կուզե լինի՝ հասիր նպատակիդ՝ փողի, փողի և փողի»:

Նույն օրը մնաս բարև ասաց նա յուր նոր բարեկամներին, հավաքեց յուր իրերը և գնաց տեղավորվեցավ իշխան Կաբիլքինի տանը: Նորա պատուհանները դարձած էին Նևայի վրա. համալսարանը գրեթե դեմուդեմն էր:

Իշխանը ընդամենը երկու զավակ աներ, մի որդի՝ ինը տարեկան, որին Պաժերի վարժարանի համար պետք էր պատրաստել, և մի դուստր, տասնվեց տարեկան, որին արդեն մի փոքր ճանաչում ենք. որդու անունն էր Միշա, իսկ աղջկանը Եվդոքիա:

Ալթմազովի պարապմունքի, համար ես շատ բան չեմ ասիլ: Ինչպես որ պատմությանս սկզբանը հիշել էի, նա արդեն տասնմեկ տարեկան հասակեն սկսել էր զանազան հասակի և բնավորության աշակերտների հետ պարապելու, գրեթե ամեն գիմնազիական առարկաներեն, ուրեմն մանկավարժության մեջ նա շատ հմուտ և փորձառու էր: Նորա գիտության համար խոսելն ևս ավելորդ է, վասնզի նա, յուր աշակերտության միջոցին, ո՛չ մի վարժապետի խոսք, ո՛չ մի դասագրքի տող առանց ուշադրության, առանց քաջ սերտելու թողուցած չէր: Երբ որ փորձի համար առաջին դասին ներկա էին իշխանը և իշխանուհին, նոքա մի ժամի մեջ համոզվեցան, որ Ալթմազովը նոցա զավակներին, եթե նոքա բոլորովին ծույլ, բթամիտ և ուսումնատյաց լինեին, անպատճառ մի բարի վերջի կհասցներ: Ալթմազովը խոսում էր ամենահասկանալի լեզվով, քերականական կանոնները, մաթեմատիկական դիլեմաները այնպես պարզ առաջներն էր դնում, որ աշակերտը գրեթե առանց վարժապետի օգնության հասկանում էր: Վաղվա դասերը այսօր լավ բացատրում էր աշակերտներին, որ մինչև անգամ նոքա կարիք չունեին դասագրքեն մյուս անգամ սովորելու կամ ինքներն իրանց ստուգելու: Առաջվանից ասենք. Ալթմազովը գրեթե չորս տարի մնաց նոցա մոտ: Միշելը քսանվեց քննվող աշակերտների մեջեն առաջինը հանդիսացավ և մտավ վարժարան և մնացած երեք տարին ետև ետևի փոխում էր դասարանները (Ալթմազովը միշտ վարժատուն էր զնում և դասերը քաղվածք անել էր տալիս): Իսկ Եվդոքիան հետևյալ տարին փառավոր քննություն տվեց համալսարանումը, և մնացած ժամանակը կատարելագործվում էր մաթեմատիկայի և ընդհանուր պատմության մեջ:

Ալթմազովը յուր վարժապետական պաշտոնը ամենափառավոր կերպով կատարեց իշխան Կաբիլքինի տանը, որ քանի քանի անգամ պատրաստ էր նորա ռոճիկը կրկնապատկելու, եթե երիտասարդը հոժարեր: Բայց նա բացե ի բաց հեռացնում էր իրմեն այդպիսի վարձատրություն, նորա փառասիրությունը ավելի լայն հորիզոն ուներ, քան թե որքան կարելի էր սպասել մի խեղճ վարժապետե:

***

Այժմ ես ուզում եմ մի քանի միջավեպեր պատմել նորա կյանքից, որ անցավ նորա չորս տարվա ուսանողության ժամանակ:

Եթե Ալթմազովը հյուրանոցումը հանդիպած անգլիացի կնոջ խոսքերի վրա լավ ուշադրություն դարձրած լիներ, գուցե հոր տված խրատներն և յուր աշխարհայեցողությամբ շինած կյանքի ծրագրեն կիրաժարվեր ոչ միայն ինչպես մի խելացնոր և երազական, այլև ինչպես վնասակար և ապարդյուն գաղափարե: Նա կիասկանար, որ հայերուն՝ նոցա որևէ նպատակին չհասցնելու համար, հազարավոր արգելքներ դրված են ամեն կողմանե. նոցա անունը նախապաշարմունքով շրջապատված է, նոցա քանքարը և գործունեությունը չարակամությունով, նախանձով, ինչպես էրեն[27] ցանցով՝ փաթաթված է. փառքի և պատվի դռները նոցա առջև փակված են և դեպի այն տանող ճանապարհը փուշ ու տատասկով լցված է. հայի առջև երեք ազատ ճանապարհ բաց են՝ մինը դեպի մոլորություն, մյուսը դեպի ոչնչություն և երրորդը դեպի կորուստ: Նա, խեղճը, չգիտեր, որ հային մինչև անգամ հրամայված չէ յուր աստվածատուր խելքը ի գործ դնելու, նորան միայն թույլ տված է խելքի տեղ խորամանկություն գործածելու, խորամանկություն, որ ատելի, անզոսնելի և բարեմիտ մարդոցմե հալածած ստրկի հատկություն է: Նա չգիտեր, խեղճը, որ իշխանները դափնիներով զարդարել են բանաստեղծներին, որոնք իրանց քնարը լարել են դեպի հայը՝ ատելություն, նախանձ, չարակամություն և ծիծաղ շարժող զգացմունքով: Այս ամեն

---

[27] Էրե, երե - որսի խոտակեր կենդանի:

արգելքին նա պիտի հանդիպեր այն ժամանակ, երբ նորա զգացմունքը լինեին ազնիվ, սուրբ, նվիրական գոնե այն ժամանակ նա սուրբ զոհ կլիներ յուր սուրբ գաղափարին և զգացմունքին: Բայց, ավաղ, Ալթմազովի ո՛չ նպատակն էր սուրբ, ո՛չ գաղափարը և ո՛չ զգացմունքը: Ինչպե՞ս կարելի էր, որ նա և՛ յուր կյանքի հետ ունեցած պատերազմի հաղթանակը առներ, և աշխարհի առջև պարզերես մնար: Նայենք այսքան հազվագյուտ հատկություններու տեր Ալթմազովին կհավանի՞ իմ ընթերցողը, նայենք, նա իր անկման միջոցին մի հատիկ կարեկից սիրտ կգտնե՞:

Հուլիս ամիսն էր: Այն ամառ իշխան Կաբիլքինի սեփական դաստակերտը նորոգվում էր Պավլովսկումը, և այդ պատճառով նորա գերդաստանը ուշ տեղափոխվեցավ ամառանոց: Ալթմազովի հռչակը այն թատրոնի երեկոյեն արդեն քաղաքի մեջ տարածվել էր. ամենքն ուզում էին նորա հետ ծանոթանալ, բայց այդ բախտը շատ քչերին էր հաջողում, պատճառը այդ է, որ նա մեծագույն մասը օրվան կա՛մ զբաղված էր իր աշակերտներին սովորեցնելով, կամ Կաբիլքինի հյուրերի հետ խոսելով, որոնք Ալթմազովի պաշտոն մտնելեն հետ՝ սկսել էին սովորականեն ավելի ստեպ այցելության գալու և մանավանդ կանանց սեռը՝ «հայ Ապոլոնին» տեսնելու համար, իշխանի տունը ուխտատեղի էին դարձրել, ամենքը ուզում էին նորան տեսնել, հետը խոսել, ծանոթանալ, նորա կարծիքը և նվազը լսել, կարճ՝ սիրել նորան և սիրվել նորամեն: Խեղճե՛րը, նորքա չգիտեին, որ Ալթմազովը իր մանկական հասակեն սկսած արդեն խրատված էր հորեն՝ «ճարել մի անվանի և շատ հարուստ տունե աղջիկ, պսակվել հետը, և պսակի միջոցով արիստոկրատի անուն չաղացնել»: Կարո՞ղ էր խեղճ երիտասարդը հոր բաղձանքը և իր սեփական ուխտը փոխել՝ ներկայումս քանի մի րոպեի մարմնավոր վայելչության և ապազայում հավիտենական ստրջանքի համար: Խե՛ղճ կնանիք. ձեր անկեղծ զգացմունքը, ձեր սրտի զորովանքը պիտի ընդհարվին այդպիսի սառն հաշիվների և դուք պիտի զարմանաք, թե ինչպես է կարելի, որ այդպիսի գեղեցիկ մարմնու մեջ այդպիսի կոշտ հոգի լինի դրած: Բայց և շատ խիստ մի՛ լի նիք ձեր դատմունքի մեջ: Ալթմազովը իր ծնած տեղի և նորա պարագայի արտադրությունն է: Հայաստանը այն պայմանի մեջ, ուր որ է՝ ուրիշ տեսակ զավակներ չէ՛ կարող ծնանիլ: Փոխեցեք կաղապարը, կփոխվին և նորա տակեն դուրս եկած կերպարանքները: Ո՞վ է մեղավորը:

Ալթմազովը հենց որ իշխան Կաբիլքինի տունը մտավ, իսկույն գրպանեն հանեց երկու հատ տասը մանեթանոց, մինը տվեց դռնապանին և մյուսը սպասավորին և չսպասեց, որ նոքա խոնարհաբար շնորհակալություն ասեին, թողեց և հեռացավ նոցանեն. մի օր էլ, երբ Եվդոքիայի նաժիշտը արծաթե ափսեի վրա նամակ բերեց նորան՝ երրորդ տասը մանեթանոցն էլ նորան ընծայեց: Այս ամեն կյանքի մանր-մունր փոկուսները հայրը նորան սովորեցուցել էր՝ իբր տասննիններորդ դարուս կենցաղագիտության ամենահարկավոր գաղտնիքը: Երբ այս և այսպիսի լուրերը իշխանուհու ականջն էին հասնում, նա սրտեն խոր հոգոց անելով, ասում էր՝ «տեր աստված, տեր աստված, այսքան մատաղահաս և այսքան ապականված»: Եվ խստիվ հրամայում էր ծառաներին՝ զգուշանալ խորամանկ հայեն: Խեղճ երիտասարդը, որ կարծում էր իր ապագա շենքի հիմքը ամուր դրած, չգիտեր, որ եկած օրեն արդեն այն քանդվել էր:

Իշխան Կաբիլքինի ընտանիքը երկու ամիս ամառանոցումը մնաց, և այդ երկու ամիսը Ալթմազովի համար «Հազար ու մի գիշերի» արկածքներ էին: Նա շրջապատված էր չքնաղագեղ կնանիքներու և աղջիկներու սիրով, հարգությունով, պատվով, հրավերքով: Օր չէր անցնում, որ նա հրավիրված չլիներ կա՛մ մի կոմսուհու, կա՛մ մի իշխանուհու, կա՛մ մի մեծատան կնոջ տուն հացկերույթի, երեկույթի, նվագահանդեսի, հեռավոր մի անտառ կա՛մ ամրոց, կա՛մ ծաղկոց՝ ճեմելու, կա՛մ ձիով զբոսնելու, օր չէր անցնում, որ նորան մի բուրած նամակ չի գար, կա՛մ թե կաթոգին ձեռաց սեղմումն չի պատահեր, կա՛մ քնքուշ հայացք չընծայվեր: Իշխանուհին տեսնում էր այդ ամենը և ամեն հնար գործ էր դնում, որ Եվդոքիան թույլ չտա իրեն այդ կրքերի հեղեղատին մատնվելու, բայց ի՛նչ կանես, կարելի՞ է հրամայել կրակի մոտ կեցած վառողին, որ չի բռնկի. կամ ասել սառույցին՝ կեցիր արեգակի տակ և մի՛ հալչիր: Դեռևս դաստակերտեն քաղաք չեկած՝ Եվդոքիան պինդ սիրահարվեցավ Ալթմազովի վրա, և նույն շաբաթ Երևան գրվեցավ այսպիսի բովանդակությամբ նամակ. «Ամեն բան դեպի լավն է գնում, իշխան Կաբիլքինը 40.000 օրավար հող ունի, բանկում 4.000.000 մանեթ նաղդ փող և, ոչ մի կոպեկի պարտք, իշխանուհին պահարանների մեջ առավել քան թե 500.000 մանեթի ակնեղեն, ոսկե զարդեր և արծաթե սպասներ ունի, իսկ աղջիկը իմ վրա մինչև ականջները սիրահարված է»:

Օգոստոս ամիսն էր, որ մաթեմատիկայի պրոֆեսորը, որի հետ պատմությանս սկզբումը ծանոթացանք, մի օր եկավ և ասաց. «Արդեն ժամանակ է խնդիր տալու և մտնելու համալսարան»: Հետևյալ օրը Ալթմազովը գնաց համալսարան, խնդիր գրեց և ներկայացավ դեկանին, որ միամտեցուց նորան, ասելով՝ «ձեզ առանց քննության կընդունենք»: Այս կողմանե ևս միամտեցած, Ալթմազովը վերադարձավ դաստակերտ և այնուհետև լիապես անձնատուր եղավ ամեն կերպ վայելչության:

Քանի մի ժամանակեն ամառանոցի եղանակը վերջացավ, մարդիկ հետզհետե քաղաք քաշվեցան. իշխան Կաբիլքինն էլ գնաց քաղաք յուր ընտանիքով:

Իշխանուհին չափե դուրս խելոք կնիկ էր. նա շատ լավ գիտեր, որ Ալթմազովը երբեք չէ կարող նորա աղջկա մարդը լինել, որ ինքը միշտ կգտնե հնար նոցա փոխադարձ սերը կա՛մ սառեցնելու, կա՛մ բռնի բաժանելու, բայց կարծում էր, որ Եվդոքիան, սիրելով նորան, միշտ նորա տված դասերը առավել խորունկ կտպավորե մտքի մեջ և առավել կորոձա, և այդ պատճառով թույլ էր տալիս որքան կարելի է՝ երկար տևի օրվա մեջ սոցա պարապմունքը: Եվ զարմանալու բան.

Եվդոքիան, որ առաջները ոչ միայն չէր սիրում ուսման առարկաները, այլև երաժշտություն, որը պարի հետ միասին, ինչպես հայտնի է, ռուս օրիորդի լուսավորության առաջին պայմանն է՝ այժմ Ալթմազովի ազդեցության տակ գիշերներ լուսացնում էր մի թեորեմայի կամ մի սիմֆոնիայի վրա, որ յուր փեսացուի աչքին հաճելի երևի: Քանի-քանի անգամ իշխանուհին, սրտեն ախ քաշելով, ասել է յուր մարդուն. «Ինչո՞ւ այս գեղեցիկ և քանքարավոր երիտասարդը ռուս կամ եվրոպացի չէ. ինչպե՞ս մեր Եվդոքիան բախտավոր կլիներ»:

— Ինչո՞ւ այդպես սխալ ես դատում,— պատասխանում էր իշխանը,— մի՞թե հայը լավ մարդ լինել չի կարող:— Ինչո՞ւ չէ,— ասում էր նորան իշխանուհին,— հայն էլ լավ մարդ կարող է լինել, բայց նա հայապես լավ մարդ կըլինի և ոչ ռուսապես:— Չեմ հասկանում, ի՛նչ ուզում ես ասել,— պատասխանում էր իշխանը: Իշխանուհին ասում էր «լավ հայը երբեք չի ռուսանալ, իսկ վատ հայեն վատթար մարդ չի կա աշխարհիս երեսին: Ուրեմն որ կողմ կուզես շո՛ւռ տուր,– Եվդոքիան հայի հետ պսակվիլ չի կարող և չպիտի պսակվի»:

Իշխանուհին յուր մանկությունը անցուցել էր մի հայաբնակ քաղաքի մեջ, ուր նորա հայրը գավառապետի պաշտոն էր կատարում, այդ պատճառով նա կարծում էր, թե հայի բնավորությունը շատ խորունկ իմաստասիրել էր:

***

Թեև Ալթմազովը շատ լավ դաշնամուր էր նվագում, բայց նա համձնառու չեղավ աշակերտներին երաժշտություն սովորեցնելու, և այդ մանավանդ այն պատճառով, որ Եվդոքիայի վարժապետը՝ երևելի Հենզելթն էր, որի հետ բաղդատվելով, իհարկե, նա համբակ[28] կարող էր համարվել: Մօ օր Հենզելթը իշխանուհուն հայտնեց, որ ինքը շուտով

[28] Համբակ - թերուս, թերավարժ, տգետ, իմաստակ:

արտասահման է գնալու, բայց վախենում է, միգուցե նրա բացակայության ժամանակ Եվդոքիան մի անհմուտ վարժապետի ձեռք ընկնի և փչացնի յուր կանոնավոր նվագելը: Այդ պատճառով խորհուրդ տվեց մի փորձառու և ընտիր վարժապետ որոնել: Իշխանուհին պատասխանեց թե՝ «գուցե ես վարժապետի ընտրության մեջ սխալիմ, չէի՞ք կամենալ արդյոք մեզ ձեր ընտրությամբ մի վարժապետ առաջարկել, ձեր բացակայության միջոցին»:— Ինչո՞ւ չէ,— պատասխանեց Հենզելթը,— շատ ուրախությամբ, ես ի նկատի ունեմ մի մատաղահաս երաժշտության վարժուհի, ազգանունը միտս չէ, բայց իմ ընտիր աշակերտներեն է. երթալու ժամանակ ես նորան կուտամ մի հանձնարարական նամակ, որն ստանալով՝ իսկույն կընդունիք նորան, բայց նայեցե՛ք, ի՛նչ վարձ որ ինձ եք տալիս՝ նույնը անշուշտ և նորան պիտի տաք. երաժշտության արվեստի մեջ եթե այդ վարժուհին ինձանից լավ չլինի, վատ երբեք չէ: Իսկ ինքը Հենզելթը դասի գլուխ ստանում էր տասը մանեթ:

Այդ վերջին անգամն էր, որ Հենզելթը եկավ իշխանի տունը: Երկու շաբաթ վրա անցավ, ոչ ինքը եկավ և ոչ էլ նորա հանձնարարած վարժուհին ներկայացավ: Արդեն կարծում էին թե նա մոռացել է յուր խոստումնքը և հանձնարարական նամակը վարժուհուն չտված՝ գնացել է արտասահման:

Մի օր, ճաշից հետո, երբ ամենքը նստած էին դիվաննոյ ասած սենյակումը, հանկարծ զանգակը հնչեց, ծառան շտապելով գնաց և շուտ հետ եկավ, ասելով. «Մի կին կամենում է տեսնել իշխանուհուն»: Իշխանուհին ասաց ծառային. «Ներս համեցեք արա»: Դուռը բացվեցավ և մի թխիկ երեսով, բայց գեղեցիկ տիպարքով աղջիկ ներկայացավ և տվեց իշխանուհու ձեռքը մի նամակ, ասելով. «Հենզելթից»:— Գիտեմ, գիտեմ,— պատասխանեց իշխանուհին,– խնդրեմ նստեցեք: Բայց ես ձեզ երկու շաբաթ է, որ անհամբերությամբ սպասում եմ: «Ներեցեք ինձ,— պատասխանեց անծանոթ աղջիկը ամաչելով,– ես մի փոքր տկար էի»:– Խնդրեմ նստեցեք,– ասաց նորից իշխանուհին և հետո ավելցուց.— կարո՞ղ եմ հարցնել ձեր անունը: «Անունս Սուսաննա է»,— պատասխանեց աղջիկը, աչքերը խոնարհելով:

Համեստությամբ նստեց օրիորդ Սուսաննան և մի կարճ միջոց լռություն թագավորեց սենյակի մեջ. ինչպես ասում են՝ «հրեշտակ խաղաղության թռավ»: Նստողները սկսան մին մինի երես նայելու: Ալթմազովն էլ նայեցավ Սուսաննայի վրա, Սուսաննան էլ նայեցավ Ալթմազովի երեսին, բայց իշխանուհին, որ այդ րոպեին երկուսի վրան էլ նայեցավ, հետազա նկատողությունը արավ, որ Ալթմազովը հենց առաջին վայրկենում առանց մեկ հիմնավոր պատճառի, ատելով ատեց այդ խեղճ թխիկ աղջկանը, իսկ Սուսաննան դորա հակառակ, ջերմ և անհրաժեշտ սիրով սիրեց այդ գեղեցիկ պատանուն: Ինչո՞ւ: Ո՞վ կարող է այդպիսի հարցի պատասխանը տալ: Ուրեմն մենք էլ թողնենք այս հարցը անպատասխան, նայենք, գուցե իրերի ընթացքը կլուծեն այս հոգեբանական առեղծանելիքը[29]: Բայց այսքանը իմանանք, որ իսկական սերը և իսկական ատելությունը մի րոպեի մեջ է ծնում, իսկ այն, որ ժամանակով է ծնում, նոցա անունը սեր և ատելություն չեն, այլ գնահատություն:

Իշխանուհին չափազանց մեղքացավ խեղճ աղջկան, որ օտար գերդաստանի մեջ, ամոթեն լուռ մնացած, ով գիտե ի՛նչ հոգեկան տանջանքի մեջ էր այն րոպեին, և կամենալով այդ ճնշող, անհաճո լռությանը վերջ տալ, առաջարկեց Սուսաննային իրենց մի փոքր զվարճացնելու համար, չի՞ կամենալ արդյոք դաշնամուրի առջև նստել և նվագել. բայց և ավելացրեց. «Օրիորդ, չլինի թե՞ իմ առաջարկությունս ընդունիք իբր ցանկության ձեզ քննադատելու: Պ. Հենզելթը ձեր մասին մեզ արդեն այնպիսի գովասանքներ է տվել, որ ձեր մատերի ամեն մի շարժվածքը մենք նվագահանդեսի տեղ պատրաստ ենք ընդունելու»:

---

[29] Առեղծանելիք – առեղծված, անհասկանալի խնդիր՝ հարց, դատողություն, անբացատրելի բան:

— Մեծապես շնորհակալ եմ ձեր՝ իմ մասին կազմած այդպիսի շողոքորթիչ կարծիքի համար,— ասաց կարմրելով Սուսաննան,— բայց ես վաղուց է, որ կտորներ նվագած չեմ. երկու շաբաթ ձեռքս դաշնամուրին դիպած չէ. դուք գիտեք, այդ բավական ժամանակ է, որ մատերը իրանց սովորական արագությունը կորցնեին:

— Չէ՛, չէ՛, խնդրենք,— ասաց իշխանուհին,— նվագեցեք մի բան: Մենք խիստ դատաքննիչ լինելու ոչ գիտունություն ունինք, ոչ ճաշակ... զուցե պ. Ալթմազովը...

— Պարո՞նը ևս նվագում է,— ասաց Սուսաննան կարմրելով և աչքերը դարձնելով ուսանողի վրա:

— Այո՛, մի փոքր,— պատասխանեց Ալթմազովը այնպիսի արհամարհական ձայնով, որ առավել վայելուչ էր մի անպիտան կառապանի, քան թե մի համեստ աղջկա վերաբերմամբ:

Ամենքը նկատեցին այդ չար կոպտությունը. Եվդոքիայի աչքեն մինչև անգամ արտասուք կաթեցավ. խեղճ աղջիկը մի րոպեի մեջ երկու անգամ կարմրեցավ և տժգունեցավ: Իշխանուհին նշանավոր հայացք ձգեց իշխանի վրա, որ կնշանակեր՝ «Հը, ինչպե՞ս ես, չէի՞ ասում քեզ, որ հայը միշտ հայ կմնա»: Ամենքը նկատեցին այդ անտեղի կոպտությունը, միմիայն միամիտ Սուսաննան չի նկատեց:

— Այդ «մի փոքրը»,— ասաց Ալթմազովին,— շատ և շատ նշանակություն ունի, բայց հուսամ, դուք ներողամիտ կլինիք, ես երկու շաբաթ հիվանդ էի, այժմ ևս բավական կազդուրված չեմ: —Ասաց և մատերը վազեցուց քլավիշների վրա: Փոքր մի ֆանտազիա անելեն հետ՝ նվագեց Քոնթսկիի երևելի «Առյուծի սթափումը», որ այն ժամանակները նորաձև երաժշտական հատվածներից մինն էր. և ո՞ր իսկական պետերբուրգցին չէր լսել նույնիսկ հեղինակի նվագածը:

Առյուծի զարթելից մի փոքր առաջ Սահարա անապատի լռությունը, նորանից հետո՝ առյուծի քանի-քանի անգամ ամպրոպաձայն մռնչելը, հետո՝ ավելի և ավելի սաստկացնելը յուր ահեղ մռնչյունը, հետո՝ արյունռուշտ հարձակման պատրաստությունը, հետո՝ սպառազինված որսորդներին հանդիպելը, հետո՝ կատաղի պատերազմը, երկուստեք, հետո՝ հրացանների ճայթմունքը խառն արյունի մռնչելուն, հետո վիրավորված և հոգեվարք գազանի ոռնալը և վերջապես՝ որսորդների հաղթության երգը, այս ամենը պատկերացան լռողի երևակայությանը մեջ՝ Սուսաննայի ճարտար և խոսուն մատերի զորությամբ։ Մեծ և կախարդական էր նորա կատարած ազդեցությունը լռողների վրա։ Իշխանուհին և Եվդոքիան սրտերի փղձկումեն ակամա արտասվեցան, իշխանը մնացել էր հիացած, ամենքը քաղցր ապշության մեջ էին, միայն Ալթմազովը մնաց անզգա։ Իշխանուհին նայեցավ նորա վրա, և գլուխը շարժելով, ասաց մտքի մեջ. «Այս գեղեցիկ մարմնու մեջ հոգի չկա»։ Եվ իրավ որ՝ բնությունը ամեն բան առատ ձեռքով տվել էր նորան, բացի հոգիեն։

Սուսաննան երեխայի անմեղությունով նայում էր Ալթմազովի վրա ու սպասում էր նորանից թեկուզ մի խոսք, թեկուզ մի հիշոց, բայց մի խոսք, մի մարդկային խոսք, սպասում էր խեղճ աղջիկը, եթե չամաչեր՝ գուցե նա կխնդրեր, կաղաչեր, մի խոսք կպաղատեր նորանից։ Ավա՜ղ, Ալթմազովը ոչ մի խոսք չասաց և հեռացավ։

* * *

Ալթմազովը սկսավ համալսարան երթևեկելու։ Հենց առաջին օրեն ընդհանուր ուշադրությունն իր վրա դարձուց՝ և՛ մեծավորներին, և՛ ուսուցչապետներին, և՛ ուսանողներին՝ թե՛ յուր արտաքին բռնվածքով և թե՛ յուր հիանալի ընդունակություններով։ Ինչպես որ նա մի անգամ ինքիրան խոսք էր տվել, այստեղ ևս յուր խոստմունքը չի դրժեց, ամենայն կողմանե նա համալսարանի մեջ ընտիր ուսանողն էր համարվում։ Սկզբանե ամենքը սիրում և պատվում էին նորան, իսկ ինքը ոչ ոքի ո՛չ սիրում էր և ո՛չ պատվում, այս որ նկատեցին՝ ուրիշներն էլ դադարեցան նորան սիրելու, բայց միշտ հարգում էին նորան՝ հազվագյուտ հատկությունների համար. իսկ երբ որ նա մի պարահանդեսի մեջ, պաշտպանելով մի ուսանողի պատիվը, երկու ապտակ տվավ մի գնդապետի ու նույն հետայն մենամարտության հրավիրեց և սիրտը վախ ձգելով, ստիպեց բոլոր ուսանողների առջև ներողություն խնդրելու՝ այն ժամանակ ընկերները մեծ հարգանք զգացին դեպի «քաջ հայ ուսանողը»: Սրախաղության մեջ ախոյան չուներ Ալթմազովը, իսկ քառասուն քայլափոխեն խաղաթղթի ասին խփելը ատրճանակեն՝ նորա համար մի չնչին բան էր: Շատ կարելի է, որ կարդացողներս արդեն համարում են Ալթմազովին մի նոր Դոն ժուան: Չէ, սխալ են նոքա. հավատացնում եմ, որ բոլոր իր համալսարանական ընթացքի միջոցին նորա մեջ ո՛չ մի պագշոտ խորհուրդ չի մտավ, մայրաքաղաքի ոչ մի առյուծուհին չէր կարող պարծենալ, որ նորան յուր երկրպագուն կարողացել է դարձնել, ոչ մի օրիորդ, մինչև, անգամ Եվդոքիան, չէին կարող ասել, որ Ալթմազովը նորա վրա սիրահարվել է. մայրաքաղաքի փորձանքներից շատ հեռու պահեց իրան խելոք Ալթմազովը. նորա մարմինը անբիծ, անարատ մնաց, բայց հոգի՞ն: Այդ ուրիշ խնդիր է:

Նա երրորդ դասընթացումն (cours) էր, որ հորը մի նամակ գրեց այսպիսի բովանդակությամբ.

«Իմ վիճակս արդեն որոշված է. իշխան Կաբիլքինը ինձ սիրում է, հավատում է. նորա դուստրը ոչ միայն սիրում է, այլ սիրահարված է վրաս, մենք արդեն մեր մեջ թաքուն մատանեփոխություն արել ենք. Եվդոքիան ասում է թե՝ եթե մայրս կամենա մեր պսակին հակառակելու, ես թաքուն կպսակվիմ քեզ հետ, և նա վաղ կամ ուշ կներե ինձ ե չի զրկիլ ժառանգութենե. ուրեմն կարող ես ինձ նպատակի հասած համարել»:

Բոլոր այդ ժամանակ Սուսաննան շաբաթը երեք անգամ գալիս էր երաժշտության դասեր տալու Եվդոքիային:

Արդեն երեք տարի էր, որ Ալթմազովը և Սուսաննան

վարժապետություն էին անում իշխան Կաբիլքինի տանը, բայց երբեք պատահած չէր, որ ամենքը միասին ժողովվեին և ընդհանուր խոսակցություն ունենային, մանավանդ Ալթմազովը միշտ աշխատել էր բացակա լինելու, երբ Սուսաննան յուր զբաղմունքեն ազատ ժամանակը խոսակցել էր Եվդոքիայի, իշխանուհու կամ իշխանի հետ: Մի անգամ Սուսաննան ճաշի էր հրավիրված՝ բախտի բերմամբ այն օրը Ալթմազովն էլ այնտեղ էր: Հանկարծ իշխանուհին, խոսքը դարձնելով Սուսաննային, ասաց. «Ահա քանի ժամանակ է, որ մենք մին մինի ճանաչում ենք, բայց երբեք պատահած չէ, որ ես ձեզ հարցնեմ, թեև շատ անգամ մտքես անցել է, դուք ի՞նչ ազգե եք. թեև դուք պատվական ռուսերեն խոսում եք, բայց ձեր երեսի տիպարքը սլավյանի չէ»:

— Ապա գտեք,— ասաց Սուսաննան ծիծաղելով, ես ի՞նչ ազգե եմ:

— Չգիտեմ,— ասաց իշխանուհին, գուցե սպանիացի եք, կամ իտալացի:

— Ո՛չ, ո՛չ,— ավելի ծիծաղելով ասաց Սուսաննան,— ոչ սպանացի եմ և ոչ իտալացի, զրազ կուզամ, որ մինչև չասեմ՝ ամեննին չեք գտնիլ:

— Ես գիտեմ,– ասաց Եվդոքիան,— Դուք Փոքր Ռուսաստանցի եք:

— Չի գտաք,— ասաց նորան արդեն ծիծաղեն կլկլալով Սուսաննան,—— աստված վկա, որ չեք իմանալ: Ապա զոր արեք, գտեք ի՞նչ ազգից եմ,— շարունակում էր նա յուր հանաքը:

— Ֆրանսիացի՞ չեք արդյոք,— ասաց իշխանը, առանձին ուշադրությունով նայելով նորա երեսին:

— Դուք էլ չի գտաք, ես ֆրանսիացի ևս չեմ,— պատասխանեց Սուսաննան, և շարունակում էր անմեղ երեխայի նման հանաք անել, որ ոչ ոք յուր առաջարկած դժվար առեղծանելիքը լուծել չի կարողանում: Եվ վերջապես ասաց բառի վանկերը իրարմե բաժանելով. «Ես-հայ-եմ»:

— Դուք հա՞յ եք,— պատասխանեցին նորան ամենքը

նույնպես վանկերը բաժանելով և զարմացական ձայնով, ամենքը ասացին այդ, բացի Ալթմազովեն, որին այդ գաղտնիքը վաղուց, հենց առաջին օրեն հայտնի էր: «Մի՞թե դուք հայ եք. եթե չասեիք, աստածո անունով երդվում ենք, որ ամեննին չէինք գտնիլ,— ասաց իշխանուհին, կարծես թե սաստիկ ուրախացած մի թանկագին գյուտի համար,– ուրեմն այսօր մեր սեղանի վրա երկու հայ հյուր ունինք՝ մինը դուք և մյուսը պարոն Ալթմազովը»:

Երբ որ Սուսաննան լսեց Ալթմազովի հայ լինելը, յուր սրտի ուրախությունը բռնել չի կարողացավ, քիչ մնաց նոր գիրկը պիտի ընկներ, բայց ինքնիրան զսպեց, և ձեռքը նորան պարզելով, բռնեց նորանը յուրի մեջ, և երկար ու ամուր սեղմելով և երեսի վրա անհուն սեր, ուրախություն և երջանկություն հայտնելով, ասաց.

— Ա՜խ, որքան ես ուրախ եմ, որ դուք հայ եք, որ ես իմ համազգիներես մի հոգի տեսա, վերջապես...

— Մի՞թե դուք հայր-մայր, քույր-եղբայր, ազգականներ չունիք,— հարցրին տանուտերերը, ցավակցելով:— Ոչ,– պատասխանեց Սուսաննան,— ես բոլոր Պետերբուրգի մեջ միայնակ և որբ եմ:

Եվ նա պատմեց իր մասին հետագա պատմությունը.

«Հայրս Սևաստոպոլի դյուցազներեն [30] մինն էր, որ պաշարման տասներորդ ամիսը, ռմբակոծության ժամանակ մահաբեր վերք ստացավ և մեռավ: Նորա մահվան բոթը ստանալով, խեղճ և ցավազար [31] մայրս է՛լ ավելի տկարացավ և չորս ամիս տանջվելով՝ մեռավ: Ես մնացի միայնակ, վեց տարեկան երեխա: Հորս տերության ցույց տված երախտիքի համար՝ ինձ զետեղեցին արքունի վարժարան, ուր տասը տարի մնալով, ավարտեցի ուսմանս ընթացքը, բայց ոչ մի մերձավոր ազգական չունենալով, վարժարանի պատերեն

---

[30] Դյուցազն - հերոս, հերոսական գործեր կատարող:

[31] Ցավազար - որևէ հիվանդությամբ տառապող, մասնավորապես՝ ընկնավոր, այստեղ՝ վշտահար, վշտերից տառապող:

դուրս չեկա: Բարի տեսչուհին, որ ինքը երբեք զավակ ունեցած չէ, ինձ յուր հարազատ աղջկա նման սիրեց, ինչպես և ես նորան մորս նման սիրել եմ, և վարժարանեն դուրս գալով, նորա բնակարանի մեջ տեղավորվեցա, ուր այժմ ես կենում եմ: Թեև մայրացուս ասում է, որ ծնողներես ինչ ու ինչ է մնացել, բայց ես երբեք հետաքրքրություն արած և հարցուցած չեմ՝ թե ի՞նչ է և որքա՞ն է. ինչի՞ս է պետք հարստություն, իմ աշխատածիս կեսն անգամ մսխել կարողացած չեմ, թեև, ինչպես տեսնում եք, ես ոչինչ բան ինձ զրկած չեմ: (Պետք է ասել, որ Սուսաննան միշտ ճոխ և թանկագին հագուստով էր հայտնվում իշխանի տանը): Մայրացուս էլ, տիկին Համմելը, ասում է միշտ, որովհետև աստված ինձ չարժանացուց մայր լինելու, ուրեմն դու իմ զավակը և ժառանգը կլինես: Բարի պառավը ինձ շատ է սիրում, ոչինչ չի խնայում ինձ համար, մինչև անգամ սաստիկ անբավական է ինձմեն, որ ես դասեր եմ տալիս ո՛չ փողի, այլ օրեր ու ամիսներ անգործ չի մնալու ու տան խորշումը չնստելու համար»:

Իրավ որ ամենքը նկատել էին նորա անշահասիրությունը: Շատ անգամ ամիսներ էր անցնում, իշխանը կամ իշխանուհին նորան փող տալու մոռանում էին, իսկ ինքը երբեք չէր խնդրում, եթե տված փողը հաշվետետրումը չի գրեին տանուտերերը՝ ինքը Սուսաննան երբեք չէր իմանալ՝ հարյո՞ւր ունի ստանալիք, թե՞ երկու հարյուր: Միով բանիվ[32] Սուսաննան չափազանց անշահասեր աղջիկ էր երեվում: Բայց հագվածը, ինչպես վերը հիշվեցավ, միշտ նորաձև, նուրբ ճաշակով և հագուստի նյութը պատվական կերպասներե էր. մատներին հագած ուներ միշտ հինգ-վեց մատանիք, ականջին օղեր, ամենը մեծագին և հազվագյուտ գոհարներով հեռված:

Սռաննան շարունակեց իր պատմությունը.

— Իմ անունս Սուսաննա չէ, այլ Շուշան է (այսպես է

[32] Միով բանիվ – մի խոսքով:

գրած ծննդական վկայագրիս մեջ), որն ռուսները չգիտեմ ինչ խորհրդով, իրանց կերպի փոխել են, իսկ ազգանունս Արղ...յան: Հայրս աստիճանով գնդապետ էր և արդեն գեներալության էր ներկայացուցած. նա այդ բարձր աստիճանը, ասում են, անշուշտ կստանար, եթե այդ չարաշուք պատահարին չհանդիպեր... Խեղճ հայրիկս:

Ասաց ու արտասվեցավ. բայց տեսնելով, որ լսողները ամենքն էլ տխրեցան, իսկույն երեսի վրա մի քաղցր ժպիտ փայլեցուց ու ասաց, «Է՛հ, ի՛նչ անենք, ինչ որ եղավ՝ եղավ, տխրելով ու լալով անցածը հետ չի դառնալ»:

Տխուր խոսակցությունը փոխել կամենալով, իշխանուհին ասաց.

— Ասացեք, խնդրեմ, օրիորդ Սուսաննա կամ ինչպես որ հայերդ ասում եք, Շուշան, մի՞թե դուք միշտ ամուրի պիտի մնաք, մի՞թե ձեր մտքեն երբեք չի անցնում պսակվել, տուն-տեղ ունենալ, կին և մայր լինել, մինչև ե՞րբ այդպես չոր-գլուխ պիտի մնաք, միայնակ ու ձանձրալի կյանք պիտի անցնեք:

— Ինչո՞ւ չէ, ես ուրախությամբ կպսակվեի, բայց ո՞վ ինձ պիտի առնու: Դուք գիտեք խո, մինչև աղջկան երիտասարդը չհավանի և չսիրե, աղջիկը երբեք իրավունք չունի, եթե չուզե յուր պատիվը կորցնել, ո՛չ հավանել և ո՛չ սիրել,— ասաց նա ու աչքի ծայրով նայեցավ Ալթմազովի վրա: Բայց Ալթմազովը, որ բոլոր ժամանակը նորա վրա, էր նայում, հենց որ Սուսաննայի աչքը նորանին դիպան, իսկույն, իբր թե զզվանքով յուր աչքը հեռացուց նորանեն: Միամիտ Սուսաննան այդ ևս չնկատեց, բայց այդ բանը նկատեց դարձյալ իշխանուհին ու մտքի մեջ ասաց. «Այս ի՞նչ հրեշ է. ասես թե սորա սրտումը օձեր ու կարիճներ լինին նստած, այս ի՞նչ անհասկանալի ատելություն է, որ ունի սա դեպի այս պատվական օրիորդը, չեմ հասկանում»:

Նա կհասկանար, եթե հայի բնավորությանը քաջ տեղյակ լիներ, խեղճ կինը չգիտեր, որ հայը դեպի յուր համազգին ունեցած ատելության մեջ փնտրում է ուժ, վայելչություն և հոգեկան մխիթարություն:

Թեև առաջները կասկածում էր, բայց այդ օրը իշխանուհին համոզվեցավ, որ Սուսաննան սիրում է Ալթմազովին. նմանապես համոզվեցավ նա, որ Սուսաննայի մեջ ավելի կանացիություն, քնքշություն, բանաստեղծական հոգի, աշխույժ կա, քան թե իր հարազատ Եվդոքիայի մեջ. և եթե երբևիցե երկուսը ներկայանային մի օրինավոր, լուսավորյալ, առողջամիտ, մարդկային արժանավորություն ճանաչող երիտասարդի, անշուշտ նա նախամեծարության արմավենին Սուսաննային կտար: Իշխանուհին ամենևին չէր կարողանում հասկանալ, թե ինչպե՞ս է կարելի, որ Ալթմազովի պես անհոգի, չարսիրտ երիտասարդն էլ հայ լիներ, Սուսաննայի նման քնքուշ սրտով, զգայուն, հոգով-կայտառ, ուրախ, բարի աղջիկն էլ լիներ նույն ազգի ծնունդ: Բայց նա մոռանում էր, որ մինը ասիացու ձեռքումն էր դաստիարակված, իսկ մյուսը եվրոպացու, նա արյունին ավելի գերազանցություն էր տալիս, քան թե դաստիարակության: Այդ թեորիան որքան էլ ճշմարիտ լինի վերաբերությամբ կովերի, ձիերի, խոզերի, շների և հավերի, այսուամենայնիվ, մարդու վերաբերությամբ միշտ էլ սխալ հետևանքների է բերում: Երեխան ոչ նորա համար է վատ, որ վատ հորե ու մորե ծնած է, այլ նա նորա համար վատ է, որ վատ հոր ու մոր ձեռք է մեծացած, վատ ծնողներից է դաստիարակված: Ահա ինչի վրա մեծ և առանձին ուշադրություն պիտի դարձնեին մեր հայր և մայրերը... Բայց ո՞ր հայր ու մայր կասե, թե «ես վատ եմ»:

***

Մի անգամ իշխանուհին, ըստ դիպաց յուր մարդու բարձրագույն պարգև ստանալուն, մտադիր եղավ մի փառավոր պարահանդես տալու, ուր հրավիրված էր նաև Սուսաննան, որին իշխանը և իշխանուհին արդեն այնքան սիրում էին, որ ոչ մի մերձավոր ազգականներե ստոր չէին դասում: Պարահանդեսեն մի շաբաթ առաջ Սուսաննան երեսը կարմրած, աչքերը ուրախութենէ ցոլալով՝ մոտեցավ ու ասաց Ալթմազովին.

— Պարոն համազգի, ձեր կարծիքով ինձ ո՞ր գույն հալավը ավել կվայելի (կսազի):

— Իհարկե հարդագույնը (de paille),– ասաց Ալթմազովը գրեթե ակամա,— այդ ո՞վ չգիտե որ:

— Իսկ դուք ո՞ր գույնը ավելի կհավանիք,— շարունակեց Սուսաննան:

— Իմ սիրած գույնը մանիշակագույնն է,– ասաց Ալթմազովը և ուզում էր հեռանալ:

— Ասացեք, խնդրեմ, պարահանդեսի մեջ դուք որի՞ն միտք ունիք հրավիրելու առաջին կադրիլին,– ասաց Սուսաննան, որ կարծես թե ոչ նրա համար է խոսում, որ յուր հետաքրքրությունը հագեցնե, այլ իբր թե կարոտ է նորա ձայնին, որ նորա խոսք ու զրույցը փափագով լսե:

— Իհարկե իշխանուհիին,– պատասխանեց Ալթմազովը հորանջելով և ասես թե սաստիկ զարշելով խեղճ աղջկա անմեղ ճռվողեն:

— Իսկ երկրո՞րդը— պնդում էր Սուսաննան:

— Կարծեմ որ քաղաքավարությունը պահանջում է,— պատասխանեց Ալթմազովը, քիթ ու պռունկը ծռմռելով, իբր թե մի շատ հիմար մարդու հետ է խոսում,— որ Եվդոքիային հրավիրեմ. ինչպե՞ս եք կարծում:

— Իսկ երրո՞րդը,— չէր դադարում Սուսաննան, երեսը գունատած:

— Ես ի՞նչ իմանամ՝ ի՛նչ երևելի տան աղջիկներ կլինեն այնտեղ, իհարկե մինին արժանի կգտնեմ հրավիրելու:

Սուր և թունավորված դաշույնը սրտի մեջ ցցած այնքան կսկիծ չէր պատճառիլ խեղճ աղջկան, որքան այս կծու, արհամարհական ու զոռոզ խոսքերը: Իսկույն աչքերեն կաթ-կաթ սկսան արտասուքը գետին թափել:

— Մի՞թե ինձ համար նաև ամենափոքր ուշադրություն թողած չեք ձեր հիշողության մեջ, պարոն Ալթմազով,– ասաց աղջիկը, արդեն բոլորովին լալով, մեղք է ձեր հոգուն, մեղք է… ես ձեզ այնքան անկեղծ սիրել էի… աստված տա, որ մի ուրիշը տա ձեզ այն երջանկությունը, որ ես երազում էի երբևիցե տալ ձեզ:

Այլևս չկարողացավ զսպել սրտի փղձուկը և թաշկինակը աչքերին բռնած՝ դուրս փախավ:

***

Պարահանդեսի երեկոն, երկու զինվորական՝ մինը սիրուն դեմքով և գեղեցկակազմ մարմնով գնդապետ և մյուսը ծեր գեներալ, զարդարուն ճրագավառ դահլիճի մեջ կանգնած խոսում էին:

— Ասացեք, խնդրեմ, ո՞վ է այն օրիորդը, որ սյունի մոտ կանգնած, իշխանի դստեր՝ Եվդոքիայի հետ խոսում է,— ասաց սիրուն գնդապետը:

— Ո՞րն է, ո՞րն է,— հարցուց կարճատես գեներալը, աչքերի կոպերը սեղմելով

— Ահա այն աղջիկը, որ մանիշակագույն ժապավեններով զարդարած հարդագույն ձորձ [33] ունի հագած, գլուխը նայե՝ արեգակի պես վառվում է գոհարներեն, որ կենդանի շուշանի հետ խառն, այդպիսի կախարդական գեղեցկություն են տալիս նրան:

— Հա՛, հա՛, այժմ տեսա, բայց չեմ ճանաչում:

— Շատ սիրուն աղջիկ է, երեսի տիպարքը իտալահու կասեի, բայց դորանն ավելի շնորհալի և մեղմ է և չունի այն լիրբ գծերը, որով պարծենում են Ապենինյան թերակղզու կնանիք և որոնք, եթե ինձ հարցնես, ավելի զարդարում է Հեթերայի [34], քան թե համեստ տանտիկնոջ: Ինչ խելոք նայվածք անի այս աղջիկը, ինչ սիրուն իրանք, ինչ հագուստի ճաշակ, որքան գեղեցկություն բոլոր արտաքինի վրա և դորա հետ միասին որպիսի անմեղություն դեմքի: Տեր

[33] Ձորձ - ցնցոտի, քուրձ, փալաս, այստեղ՝ հագուստ:

[34] Հեթերա – այստեղ՝ անպարկեշտ, վատ վարքի տեր կին:

աստված, տեր աստված, կա՞ն խո այնպիսի բախտավոր մահկանացուներ, որոնք այսպիսի զանձի տեր են լինում:

— Այո՛, այո՛, հոժարեցավ գեներալը, սիրուն օրիորդ է. ո՛վ գիտե ո՛ր իշխանի կամ կոմսի աղջիկն է:

— Պետք է հնար գտնել մեկ կերպով հետը ծանոթանալու,— ասաց սիրուն գնդապետը, թողեց գեներալին և գնաց խառնվեցավ բազմության մեջ:

Պատվելի կարդացողս, հուսամ, արդեն հասկացար, որ գնդապետի գոված աղջիկը մեր ծանոթ Սուսաննան էր, որ այժմ շրջապատած շատ երիտասարդներով, կադրիլները, վալսերը և պոլյկաները բաժանում էր, բայց շատ խնայողությամբ և ընտրությամբ: Արդեն առաջին կադրիլի նշանը տված էր, բայց Ալթմազովը դեռևս դամ չէր գտել: Իշխանուհիին Բարոն Փ-ն էր հրավիրել. Եվդոքիան էլ խոսք էր տվել յուր մորեղբոր որդի իշխան Ս-ի հետ պարելու, իսկ օտար օրիորդները մի անծանոթ կավալերի և այն էլ՝ տան գուվերնյորի հետ պարե՞լ արիստոկրատիկական պարահանդեսումը... a՛h quelle horreur[35] :

Սուսաննան տեսավ խեղճ երիտասարդի այդպիսի նեղ վիճակը, իսկույն թողեց յուր կավալերի ձեռքը, շտապով մոտեցավ նորան և ասաց.

— Պարոն Ալթմազով, դամ չունի՞ք, չեք պարո՞ւմ:

— Ոչ, ասաց նա, առաջին կադրիլը կարծեմ պար չեմ գալ, գլուխս մի փոքր ցավում է:

— Չէի՞ք կամենալ արդյոք ինձ հետ պարել,— ասաց Սուսաննան, իբր թե չիմանալով նորա նեղ դրությանը:

— Բայց դուք, եթե չեմ սխալվում, արդեն հրավիրված եք,— պատասխանեց Ալթմազովը, աչքերը վար խոնարհած:

— Ի՞նչ փույթ, եթե ինձ հետ պարելը ձեզ անհաճո չէ, ասացե՛ք միայն, կավալերիս ճամփու դնելը մի չնչին բան է. կասեմ նորան, որ ձեզ արդեն վաղուց խոստացել էի, բայց մտքիցս գնացել էր. ներողություն կխնդրեմ, և պրծավ գնաց, հա՞, ո՞ւզում եք:

[35] a՛h quelle horreur - ա՛խ, ինչ սոսկալի բան:

— Եթե կկամենաք՝ համեցեք,– ասաց Ալթմազովը,— բայց ես վիզավի[36] էլ չունիմ, որտեղե՞ն կգտնենք, այժմ կսկսեն պարել, ժամանակ չկա...

— Այդ էլ կհոգամ, դարդ մի՛ անիք,— ասաց Սուսաննան, թռչունի պես թռավ ու գնաց:

Մի րոպեի մեջ Շթուբեին (ծեր գեներալի հետ խոսողին) տված խոսքը ետ առավ, չքմեղ բերելով յուր մոռացկոտությունը, և կոմս Դիլյոնին ձեռքերեն բռնած՝ ծանոթացրեց Ալթմազովի հետ և իրանց վիզավի կանգնեցրեց: Նույն րոպեին էլ երաժիշտները նվագեցին, զույգերը տեղերեն շարժեցան, պարողների ոտքի տրոփը, կանանց կերպասե հագուստների շփշփոցը, զինվորականների խթանների զրնգզրնգոցը, տղամարդկանց խոսքը, կանանց ծիծաղը միասին խառնվեցան, և այս ուրախ իրականությունը տևեց գոնե կես ժամ:

Բայց, այդքան մարդոց մեջ ո՞վ էր ամենից բախտավորը, գիտե՞ք: Գլուխ մի՛ ցավացնեք, չեք իմանալ: Ամենից բախտավորն էր միամիտ և անմեղ Սուսաննան, որ իր սիրական Ալթմազովին ակներև խայտառակութենեն ազատելով, կարծում էր թե՛ յուր մեծահոգությամբ նորա սրտի մեջ մի փոքրիկ խորշիկ տիրապետել է. բայց որքան մոլորված էր նա: Բոլոր պարի ժամանակ թեկուզ մի քաղցր, մի քաղաքավարի խոսք ասեր Ալթմազովը նորան: Նորա աղավնիի նման չորս պտուտ գուրգուրալուն թեկուզ մի պատասխան տար: Բայց Սուսաննայի ի՞նչ հոգն էր, որ նա անքաղաքավարի էր դեպի իրան, լուռ էր նորա ամեն քնքուշ խոսքերին, խոժոռադեմ նայում էր նորա երեխայական ուրախությանը... Քո մեղաց տերը լինիմ, եթե նա բոլոր այդ մեծամեծների և նոցա զարդարուն կանանց բազմությունը յուր անձկալիի մազի թելի հետ փոխեր: Երբ որ պարը վերջացավ, Սուսաննան հարցրեց Ալթմազովին.

— Երկրորդ կադրիլի համար դամա ունի՞ք:

---

[36] Վիզավի – թույլատվություն:

— Կարծեմ... տեսնեմ... կարելի է... կմկմաց Ալթմազովը:

— Եթե ունիք,– ասաց Սուսաննան,— լավ, ապա թե ոչ՝ ես դարձյալ ձեզ հետ կպարեմ:

— Լավ... տեսնենք...— պատասխանեց նա բռնի հորանջելով, որ ծածկե յուր խայտառակությունը և ներքին շփոթը, որ երեսին պարզ նկարած էր:

Ալթմազովը այն փոքրոգի մարդոցմեն էր, որք իրենց հզոր, ակներև թշնամիների վրեժը հանում են անմեղ, տկար և շատ անգամ իրանց մոտիկ մարդոցմեն՝ իրանց ընտանիքեն, իրանց բարեկամներեն: Փոխանակ բարկանալու և արդար վրեժը հանելու իշխանուհիեն, Եվդոքիայեն և ուրիշ ծանոթ կանացմե, նա յուր վրիժու և ատելության բոլոր թույնը աշխատում էր թափել խեղճ անմեղ աղավնյակի վրան, որ յուր ամեն ճիգը թափում էր նորան մխիթարելու, հովանավորելու և պաշտպանելու:

Երկրորդ, երրորդ և չորրորդ կադրիլներան, երբ Ալթմազովը գնաց դամա հրավիրելու և ոչ ոք չհոժարացավ նորա հետ պար գալու, և խռով-խռով եկավ տեղը նստավ՝ երեք անգամ հետզհետե եկավ մոտեցավ նորան Սուսաննան և առաջինի նման սկսավ հետը պարել, յուր զվարճ խոսակցություններովը աշխատում էր փարատել նորա թախիծը և մի րոպե չէր թողնում, որ հյուրերը նկատեին հասարակաց արհամարհանքը դեպի նա: Սուսաննան շատ լավ գիտեր, որ արիստոկրատները միշտ այդ կերպ պատժում են այն մարդոց, որոնք իրենց ստոր աստիճանեն ջանք են անում դուրս գալ և մեծատուների կարգը անցնել:

Բայց խեղճ աղջկա բոլոր ջանքը, բոլոր քաղաքավարությունը, բոլոր անմեղ ու անկեղծ սերը, բոլոր մարդավարությունը իզուր կորան: Սուսաննան պարզ տեսավ, որ յուր զրկածը ո՛չ մարդկային տաք սիրտ, այլ մի կտոր սառույց էր. հոգնեցավ, վհատեցավ ու հուսահատեցավ խեղճ աղջիկը: Ոչ մի քաղցր խոսք չի լսեց նորա բերնեն ամբողջ երեկոն:

Պարահանդեսը դեռևս վերջացած չէր. հանդիսականների առջև շատ պարեր, շատ զվարճություններ դեռևս կային այն գիշերը, բայց Սուսաննան արդեն կորցրել էր յուր զվարթ տրամադրությունը, գնաց նստավ մի հեռավոր խորշ և ընկղմեցավ յուր տրտում մտքերի մեջ: Եւն եւնե շատերը մոտեցան — Սուսաննան այն հազվագյուտ արարածներեն էր, որ նորա բացակայությունը ամեն տեղ նկատելի էր լինում– նորան պարի հրավիրելու. բայց նա որին՝ հոգնել եմ, ասում էր, որին՝ գլուխս ցավում է, որին՝ արդեն խոսք եմ տվել, և այդպիսով գլխիցը ցանում էր նոցա. և մինչև պարահանդեսի վերջը մնաց տխուր ու տրտում: Միայն Ալթմազովը չեկավ նրա մոտ և ոչ մի քաղցր ու մխիթարական խոսք չասաց նորան, թեև ինքն էր միակ պատճառը յուր համազգի խեղճ ու որբ աղջկան տրտմությանը:

Ինքն Ալթմազովը նմանապես մի ուրիշ խորշում, թեև հոգվով և մարմնով առողջ, բայց տխուր ու տրտում նստած, ոչ թե կարեկցություն, մինչև անգամ ոչ ոքի հետաքրքրությունը չշարժեց: Ինչպես որ կար, այնպես էլ մնաց բոլոր գիշերը, հյուրերի մեջեն իրա համար նորանոր հարսնացուներ ջոկելով՝ հազարավոր օրավար հողով և միլիոնական մայր գումարով, նա արդեն պարզ տեսնում էր, որ Եվդոքիան ձեռքեն փախել էր: Ի լրումն [37] յուր թշվառության, նա հետագա տեսարանին հանդիսատես եղավ:

Երկու տարեց կին նորա մոտից անցնելիս՝ իրար հետ այսպես էին խոսում.

— Ուրեմն այսօրվա պարահանդեսը ոչ այլ ինչ էր, եթե ոչ Եվդոքիայի նշանախոսությանը,թեև երիտասարդ իշխան Ո-ն նախանձելի փեսա է ամեն աղջկա համար, բայց ասում էին թե Եվդոքիան մի հայ ուսանողի...

— Զարմանալի թեթևամիտ ես դու, cousine [38], մի՞թե իշխանուհին այնքան խելք չուներ, որ փոքրիկ կրքի համար զոհ չբերեր աղջկա ապագան...

---

[37] Ի լրումն - իբրև լրացում, լրացնելու՝ ամբողջացնելու համար:

[38] Cousine – հորաքրոջ կամ հորեղբոր աղջիկ:

Կնանիք հեռացան, խեղճ հայ երիտասարդի սրտի մեջ դաշույն ցցելով և զենքը վերքի մեջ թողնելով: Կարծես իրար խոսք տված պես, այն գիշեր ոչ ոք նորան չմոտեցավ, մինչև անգամ իշխանը, իշխանուհին և Եվդոքիան. ասես թե ոչ ոք չգիտեր նորա ներկայությունը պարահանդեսի մեջ. միայն ընթրիքեն հետ, հյուրերի տուն գնալու ժամանակ Սուսաննան մոտեցավ նորան և կարեկցաբար հարցաց.

— Պարոն Ալթմազով, ինչո՞ւ բոլոր գիշեր տրտում մտատանջ էիք. ինչո՞ւ ինձ չմոտեցաք, հետս խոսել չուզեցիք, մի՞թե ինձ խոսք ու զգացմունք կպակասեր ձեզ մարդապես կարեկցելու, ձեզ մխիթարելու. մի՞թե այս օտար մարդոց ընկերությունը, որ մեր ազգի շահերը ամենևին ճանաչել չի ուզում, երկու համազգի, չպիտի մոտեցներ...:

***

Այս վերջին անգամն էր, որ տեսան Սուսաննային. այնուհետև նա բոլորովին դադարեցավ իշխան Կաբիլքինի տունը հաճախելու՝ Եվդոքիային երաժշտության դասեր տալու համար:

Ձմեռը անցավ: Ապրիլ ամիսն էր: Մի օր Եվդոքիան մի փոքրիկ նամակ գրեց և Ալթմազովից հետ պահանջեց իր մատանին (իհարկե, Ալթմազովի մատանին էլ դրել էր նույն նամակի մեջ) ասելով, որ նա չէ կարող իր մոր կամքեն դուրս գալ, որ հիմարություն է երեխայության ժամանակ տված խոսքը չափահաս տարիքին կատարելը, որ ռուս արիստոկրատին մահացու մեղք է, որևէ զգացմունքի համար, յուր բարձր դասակարգեն դուրս գալ և ստորինը մտնել, որ նա թողնելով մայրաքաղաքի պալատների զվարճությունքը, ի՞նչ օր պիտի տեսնե փոքրիկ գավառական քաղաքի խրճիթների մեջ, ուր մարդիկ և կովերը մի կտուրի տակ են կենում, որ նա, Եվդոքիան այնքան ուժ չունի, որ կարողանա մի օտարազգի և աննշան երիտասարդի բռնի մտցնել բարձր ազնվականների կաճառը[39], որ այսպիսի անհավասար պսակը ամեն հանցանքներեն անների է խելոք և բարձրաստիճան մարդոց աչքում, որոց կարծիքը արհամարհելը շատ վտանգավոր է, և այլն:

Նույն օրը իշխան Կաբիլքինը մի ծրարի մեջ 500 մանեթ դրած և հետը մի փոքրիկ նամակ, ծառայի ձեռքով հասցրեց Ալթմազովին. նամակի մեջ գրված էր. «Եվդոքիայի ուսումնառությունը վերջացած պետք է համարել, այսուհետև նա ուրիշ կյանքի համար պիտի պատրաստվի, ուրեմն ձեր իմ տան մեջ իբր ուսուցիչ մնալը՝ այսուհետև ավելորդ է: Այսօր ևեթ պիտի ազատեք ձեր կեցած սենյակը, ուր պիտի հյուրընկալեմ իմ ազգականին, որ այսօր պիտի գա իմ տունը՝ հեռավոր քաղաքից, և ինչպես ձեզ հայտնի է, տանս մեջ բացի նորանից, ուրիշ ազատ սենյակ չունիմ, իսկ այս 500 մանեթը ստացե՛ք ինձանից՝ կուզեք ինչպես ընծա, կուզեք ինչպես կանխիկ ձեր ռոճիկը մինչև սեպտեմբերի ամսին, որով կլրանա մեր չորս տարվա պայմանագրությունը:

Իշխան Կաբիլքին»

* * *

Վրա անցավ երկու տարի: Ալթմազովը թեև համալսարանական ուսման ընթացքը ավարտեց և մաթեմատիկայի առաջին կանդիտատը եղավ, բայց նա իր նպատակին հասած չհամարեց իրան, նորա գլխավոր նպատակն էր, մայրաքաղաք գալով, ո՛չ գիտություն, այլև փող և մեծ փող ձեռք բերել, բայց այն անիծած փողը, այդ ժանգոտ մետաղը չընկավ նորա ձեռքը: Ալթմազովի սիրտը «խոր մնաց», նորա ուխտը չկատարվեցավ. ամոթ չէ՞ր նորան վերադառնալ Երևան կամ Թիֆլիզ՝ առանց արիստոկրատ կնկա, առանց միլիոնավոր օժիտի, ի՞նչ պիտի ասեին

[39] Կաճառ – այստեղ՝ դաս:

մարդիկ։ Ալթմազովը համառությամբ մնաց Պետերբուրգ և սպասում էր յուր բախտի անիվի շուռ գալուն։

Մի անգամ բարեկամներեն մեկից լսեց, որ գերմանացի ծեր մի ամուրի կա, որ շատ ուզում էր յուր եղբոր՝ տարիքը անցած աղջկան մարդու տալու, որին ասում էին ամենքը միաբերան, թեև այժմ մեծ օժիտ չի տալ, բայց պառավ աղջիկը նորա միակ ազգականը գալով, ծերանու մեռնելեն հետ հարկավ պիտի ժառանգե նորա անբավ հարստությանը, որն ասում էին, ութը միլիոնեն ավելի է և ապահով կեցած է տերության բանքում։

Ալթմազովը խնդրեց բարեկամին, որ իրան ծանոթացնե թե՛ հարսնացու աղջկա և թե՛ նորա ծերունի հորեղբոր հետ։ Շատ ժամանակ վրա չանցած, նա երկուսի հետ ևս ծանոթացավ, և ինչ որ լսել էր նոցա մասին, իրավ որ այդպես էր. աղջիկը երեսուն տարեկանեն ավելի չոր-չոր, բարձրահասակ, բավականին ցանցառ, դեղին ու նոսր մազերով, երկայն երեսով գերմանուհի էր, իսկ ծերունի հորեղբայրը մոտ յոթանասուն տարեկան հիվանդոտ մարդ էր, որը, ինչպես ասում են, «քթեն բռնեիր՝ հոգին պիտի փչեր»։

Ալթմազովը յուր կրակոտ աչքերով և գեղեցիկ երեսովը շուտ կարողացավ տաքացնել այն սիրտը, որ արագ-արագ սկսել էր հանգչել սիրո համար։ Ողորմելի Մարիխենը չգիտեր ո՞ր աստվածներուն փառք տար այսպիսի անակնկալ բախտի համար, երեսուն տարեկան հասակումն քանիհինգ տարեկան բոցոտ ախացու սե՞ր, այդ խոմ հեքիաթի մեջ գրվելու բան է։ Ինքն իրան հանգստացնելու համար՝ Մարիխենը ձևանում է, իբր թե կասկածում է Ալթմազովի սիրո անկեղծության մասին։ Ալթմազովը երդումով հավատացնում է, որ բացի անխարդախ սերեն, ուրիշ ոչինչ չի փնտրում նորա մեջ։

— Կարելի է դուք կարծում եք, որ հարուստ ծերունին իմ հայրս է և կամ ես նորա հոգևոր զավակն եմ. ո՛չ, ես մի խեղճ որբ եմ և մի կտոր հացի համար կենում եմ նորա տանը։

— Ի՞նչ փույթ, ես ոչինչ ուրիշ բան չեմ ուզում, բացի ձեր սրտեն և ձեռքեն,– հանգստացնում է նորան Ալթմազովը:

— Պարոն Ալթմազով, կարելի է դուք կարծում եք, որ ինչպես իմ համազգի գերմանացի կնանիքը կամ աղջիկները, ես երևելի ուսումն ունիմ կամ հմուտ եմ տնտեսության մեջ, այդտեղ նս կսխալիք. ծնողներես վաղ զրկվելով, ես ո՛չ ուսումն ստացա և ո՛չ տնտեսություն կարողացա սովորելու, իսկ հորեղբայրս շատ ժլատ էր, որ նա իմ կրթության համար տար տարեկան մի քանի հարյուր ռուբլի: Այժմ ես կարող եմ միայն,– նայեցե՛ք, առաջվանե եմ ասում,– ապահովյալ մարդու կնիկ լինել, ավելի ոչինչ:

Ալթմազովը ծոցեն հանեց համալսարանե ստացած վկայաթուղթը և ասաց.

— Ահա այս թուղթը կուտա մեզ շատ փող և կատարյալ ապահովություն, իսկ ձեզ, քնքուշ օրիորդ, կմնա այդ փողը ձեր ուզածի պես մսխել և իմ տաք սրտի մեջ մինչև այժմ փնտրած բախտը գտնել:

Արդարակորով[40] գերմանուհին, տեսնելով որ յուր ամեն պակասությունները հայտնելեն հետ, չկարողացավ հեռացնել իրանից այս սիրահար երիտասարդին, և մյուս կողմանե միտք անելով թե՝ ի՞նչ շահ է այսքան ժամանակվա կամավոր կուսությունը, խոսք տվեց Ալթմազովին, ո՛չ առանց ցիրլիխ-մանիրլիխ(ziereich-manirlich)[41] շարժումների՝ նորա հրաբորբոք փափագին հասցնելու, և նույն երեկոյին, թեյի ժամանակ պատմեց յուր հորեղբորը այս անակնկալ բախտը: Հորեղբայրը երկու ձեռքը mit Andacht (բարեպաշտությամբ) բարձրացնում թ երկինք ու ասում. «Փա՛ռք քեզ, աստված (Cott sei Dank), թեև մի փոքր ուշ, բայց վերջը-վերջը լսեցիր դու իմ աղոթքը, ես խոստացել էի ողորմած հոգի եղբորս, քու հորդ, որ մինչև քեզ մի արժանավոր մարդու կին չի տեսնեմ, ոչ կպասկվիմ և ոչ կմեռնիմ: Ես ի՛նչ անեի, որտեղե՞ն գտնեի քեզ համար

---

[40] Արդարակորով – արդարամիտ:

[41] Սեթևեթող, նուրբ, կոտրատվող:

արժանավոր փեսա, դու գիտես մեր ժամանակվա երիտասարդները մի–մի արծաթասեր Հուդա Իսկարովտացիներ [42] են, որ ամեն բան, մինչև անգամ իրանց սուրբ զգացմունքը պատրաստ են փողի գնով ծախելու. նոցա ո՛չ կենաց անբաժան ընկեր, այլ ոսկիով լցված սնդուկ է պետք, այս է պատճառը, որ քու պսակը ein Bisschen (մի փոքր) ուշացավ, իմ սիրեկան Մարիխեն: Դեհ, ուրեմն էգուց ճաշի հրավիրե հերցնես լիբխենիդ (սրտի սիրածիդ), որ ես էլ մի փոքր հետը խոսիմ, տեղեկանամ և միամտանամ, որ ապա թե կարողանամ նորան ավանդելու իմ շեցխենին (գանձին)»:

Մյուս օր, իրավ որ, Ալթմազովին հրավիրեցին գերմանացի Կրեսոսի մոտ ճաշի: Wildbraten–ի մեջ, տասներկու կոպեկանոց գարեջուրի առջև սկսվեցավ երեսուն տարեկան գերմանուհու հարսնախոսությունը քսանհինգ տարեկան չքնաղ հայ երիտասարդի հետ: Ծերունի Շմիդտը յուր ականջով լսեց Ալթմազովի անշահասեր առաջարկությունը և անշիջանելի սերը դեպի Մարիխենը, որի վրա, իբր թե, վեց տարիէ ի վեր սաստիկ սիրահարված է: Չգիտեմ հավատա՞ց ծերունին, թե՞ հավատացող ձևացավ, միայն թե հոժարեցավ նոցա ամուսնությանը: Ճաշեն հետ երկուսին էլ յուր առանձնասենյակը հրավիրեց, ինքը վրան հինավուրց բարեպաշտ նահապետների դերը առավ և սկսավ պես-պես խրատներ տալ, որը քաղել էր գող-բազարի մեջ գնած արժանագին գերմանական գրքերեն. հաղորդեց նոցա՝ իրար սիրել, աչքերը օտար մարդոց վրա չի տնկել և շատ այսպիսի հոգեշահ խրատներ տվեց նոցա, որոց համար, ինչպես ամենքը գիտեն, ժլատ մարդիկ խիստ առատաձեռն են: Ես, հեղինակս այս վեպին, իմ կողմանե կարող եմ հավատացնել, որ Մարիխենը այդ ամեն խրատները ճշտությամբ կկատարե:

---

[42] Հուդա Իսկարովտացի – ըստ Աստվածաշնչի Հիսուս Քրիստոսի 12 աշակերտներից մեկը, որը 30 արծաթով նրան իշխանության ձեռքը մատնեց. նրա անունը օգտագործվում է որպես մատնիչի խորհրդանիշ:

Այսպես, ամեն կողմեն միամտված, ծերանին Աբրահամի [43], Իսահակի [44], Հակովբի և Տոբիտի օրհնությունները թափում է (գերմանացին շատ սիրում է աստվածաշունչ կարդալ, այդ գիտեք ամենքդ) այս սիրահարներու գլխուն:

Մի շաբաթից, տեր Գրիգորը, աստված լուսավորե հոգին, Սմոլենսկի եկեղեցումը լռելյայն կատարում է սոցա պսակի ծեսը, և նույն օրը Պետրոս-Պողոսի եկեղեցում գերմանական արարողությամբ կատարվում է նույն բանը երկրորդ անգամ: Մյուս օր ծերունի Շմիդտը 3500 ռուբլի Մարիխենի անունով դնում է պետական բանկը, իսկ շաբաթ չանցած ինքն էլ պսակվում է մի աղքատ, բայց շատ սիրուն և քսաներկու տարեկան գերմանացի աղջկա վրա. և բանը սորանով կպրծներ, եթե մի տարուց հետո ծերանու նորահարսը մի զավակ չընծայեր ծերանուն:

* * *

1870 թվականին ես Վարշավ էի գնացել իմ մասնավոր գործերի համար, և այնտեղ ոչ մի ծանոթ չունենալով, հյուրանոց էի իջել, նույն հյուրանոցումը, ծառաներեն իմացա, իջել է նաև մի հայ քահանա: Որքան որ հայերը իրանց կեցած քաղաքումը աշխատում են իրարմե հեռու լինել, այնքան էլ օտար տեղը նոցա իրար մոտեցնում է: Ես շուտ ծանոթացա այդ քահանայի հետ և իմացա, որ նա հատկապես Մոսկովեն է եկել՝ մի գերմանացի գեներալի որդին հայ կնքելու: Հետաքրքրությունս շարժվեցավ և քահանան ինձ պատմեց հետագան.

---

[43] Աբրահամ - ըստ Աստվածաշնչի սերում է Նոյի ավագ որդուց՝ Սեմից, սկզբում հին հրեական աստվածություն էր, հետագայում առասպելաբանության մեջ համարվել է իբրև հրեաների և արաբների նախահայր:

[44] Իսահակ - ըստ Աստվածաշնչի առասպելի Աբրահամի և Սառայի որդին. Աբրահամի հավատքը փորձելու համար Եհովան իբր պատվիրել է զոհաբերել որդուն՝ Իսահակին, սակայն փորձության ժամին հրեշտակները կանխել են:

Մի պարահանդեսի մեջ գերմանացի գնդապետ, ազգանունը Շթուբե, սաստիկ սիրահարվում է մի սիրուն որբ հայ աղջկա վրա, անունը Շուշան, Արղ...յան իշխանական տոհմեն, որ գրեթե ոչինչ ծանոթություն չունենալով յուր հանգուցյալ ծնողաց մասին, որովհետև շատ փոքր հասակի մեջ որբացել է, վարժուհու պաշտոն է կատարում եղել: Երբ որ գնդապետը հնարը գտնում է նորա հետ բարեկամանալու և նորա մորացուի տանը, ինչպես փեսացու, հրավիրվելու, վերջինեն, այսինքն մորացուեն իմացել է, որ այդ կարծեցած խեղճ որբը բավականին նշանավոր ժառանգություն ունի իր մեռած ծնողներեն՝ կալվածքներով և ոսկեղեն-ակնեղեններով: Բարի պառավը հայտնել է գնդապետին, որ Շուշանը ո՛չ միայն իր հանգուցյալ ծնողաց, այլև յուր ժառանգորդն է, և ցույց է տվել նորան յուր հոգեզավակի անունով հարյուր հազար ռուբլու բանկային տոմսակ: Պսակի ծեսը չկատարած, Շուշանը յուր փեսայի հետ օրինավոր պայմանաթուղթ է շինել, որով իրմե ծնած զավակները, թե՛ տղա, թե՛ աղջիկ անպատճառ հայ պիտի կնքվին և հայ պիտի դաստիարակվին: Գնդապետը հոժարել է ստորագրվել այս պայմանին և ապա կատարվել է նոցա պսակի ծեսը: Շուշանի ամուսինը այժմ գեներալ է և Վարշավայի մեջ ծանրակշիռ տերության պաշտոն ունի:

* * *

Իսկ բախտախնդիր Ալթմազովը ի՞նչ եղավ:

Նույն օրը, որ տիկին Շմիդտի հղության ավետիսը հասնում է նորա ականջին, նա ինքը իրան խոսք տվել է, հենց որ երեխան ողջ և առողջ աշխարհ գա՝ նույն վայրկյանին ատրճանակը իր ճակատին տրաքացնել: Կատարե՞ց արդյոք նա յուր խոստմունքը, թե ոչ՝ չգիտեմ, վաղուց Պետերբուրգեն լուր չունիմ:

ՏԻԿԻՆ ԵՎ ՆԱԺԻՇՏ

ՏԵՏՐԱԿԻ ՊԱՏՄՈՒԹՅՈՒՆԸ

Այս տարվա եկավոր «ժողովուրդը այնքան շատ էր էսենթուքումը, որ ամեն փոքրիշատե օրինավոր տուն, բնակարան կամ հյուրանոցի սենյակ կրակի գին ուներ, այնպես, որ երեք ամսվա տալու վարձով կարելի էր այնտեղ նեթ մի փոքրիկ սեփական տուն շինել՝ հիմքից մինչև կտուրը, ուրեմն կամա ակամա ստիպվեցա բավականալու մի փոքրիկ խցիկով, որը վարձեցի մի պառավ ռուս կնոջմե: Առավոտ և երեկո այդ պառավը պարտավոր էր ինձ համար ինքնաեռ դնելու և այդ բանի համար պիտի տայի նորան ամսական երեսուն մանեթ: Սաստիկ դժգոհ էի, բայց ի՞նչ անեի այս մեկ ժամանակավոր հարկ էր, որ ամենքս (հանքային ջրերով բժշկվողներս) ստիպված էինք տալու կովկասյան բժշկարար ջրերուն:

Մի օր այս պառավը, ձեռքը մի հաստ տետրակ բռնած ներս մտավ ու ասաց ինձ.

— Պարո՛ն, հրամանքդ ռո՞ւս ես, թե այլազգի ես, մեր հավատեն չես:

— Ես հայ եմ, պատասխանեցի:

— Եթե հայ ես, ուրեմն այլազգի ես, մեր հավատեն չես:

— Հա՛, այդպես է, ասացի, ես ո՛չ ձեր ազգեն եմ և ոչ ձեր հավատեն. ի՞նչ ես ուզում ինձանից:

— Չես կարող արդյոք իմանալ՝ այս ի՞նչ լեզվով գրած է (ցույց տվեց ձեռքի տետրակը), ոմանք ասում են վրացերեն է, այլք ասում են՝ թաթարերեն է, ուրիշները ասոմ են՝ չերքեզերեն է, բայց տեղյակ ոչ ոք չգիտե: Դու որովհետև ռուս չես, այլազգի ես, անշուշտ պիտի կարողանաս կարդալ:

Շատ անգամ՝ ուզեցել եմ հոնցը ձգել այրել, կամ ձմեռվա պատուհաններս թղթել, բայց հետո փոշմանել եմ ու միտք արել՝ թե կարելի է մի մարդ գտնվի, որին դա պետք գա, ինչո՞ւ փչացնեմ այս տետրակը, անշուշտ մեկ մարդ սորա վրա աշխատություն թափել է ու օրերով աչքը խավարացրել է, գրել է: Նայե՛, պարոն, ինչպես հաստ տետրակ է:

Ձեռքս առի տետրակը, նայեցա՝ տեսնեմ հայերեն է. շատ ուրախացա:

— Մայրիկ, ասացի, եթե այս տետրակը քեզ պետք չէ, ծախե ինձ. ես քեզ լավ փող կուտամ:

— Ինչի՞ս է հարկավոր, ասաց պառավը. բայց եթե փող կուտաս ու կառնես այդ ինձ համար ավելի լավ է, ես խեղճ կնիկ եմ, մեկ քանի կոպեկը երբեք ինձ համար ավելորդ փող չէ:

— Կուզե՞ս տասը մանեթ տամ:

Պառավի աչքերը վառվեցավ ագահությունից, այդպիսի առատ վարձատրություն երբեք չէր սպասում նա մի անպիտան տետրակի համար, որ ամեն րոպե պատրաստ էր եղել հոնց ձգելու ու այրելու: Բայց արի՛ տես որ մարդկային ագահությունը սահման չունի եղած:

— Տո՛ւր տասնհինգ մանեթ,— ասաց պառավը ինքն էլ վախենալով այս չափազանց պահանջմունքեն,— ու առ քեզ տետրակը:

— Լա՛վ է, մայրիկ, կուտամ քեզ տասնհինգ մանեթ և կառնում տետրակը, բայց ասա, խնդրեմ, ի՞նչ կերպով դա քու ձեռքը ընկել է:

— Դու ուզում ես իմանլու ի՛նչ կերպով իմ ձեռքը ընկել է այս տետրակը,— ասաց պառավը,— ահա՛ լսե: Ես մեկ փեսա ունեի, որ վեց-յոթը տարի առաջ հյուրանոցի մեջ սպասավորություն էր անում: Այն տարի մի օտարազգի բժիշկ եկավ Էսենթուկ և վարձեց այդ հյարանոցումը մի սենյակ, և քանի մի ամիս կեցավ. երբ որ նա յուր տեղը գնաց, սենյակը մաքրելու ժամանակ, փեսաս գտավ այդ տետրակը պահարանի մեջ և, կարծելով որ մի օր սորա տերը կկսե պտրելու և անողին վարձ կխոստանա՝ պահեց յուր մոտ: Բայց փեսաս շուտով մեռավ. աղջիկս էլ նորանից ետ շատ չապրեցավ. նոցանից մնացած մեկ քանի լաթերի ու հին հալավների հետ միասին այս տետրակն էլ ինձ մնաց: Ահա՛ այս տետրակի բոլոր պատմությունը: Տո՛ւր փողը և բարի վայելե՛:

Ես իսկույն տվի տասնհինգ մանեթը և տետրակը իմ սեփականությունը դարձրի:

ԱՌԱՋԻՆ ՏԵՏՐԱԿ

Տաք ջուր, հունիսի 10.

Շատ ձախորդ պարագաներով մտա Տաք ջուր: Ճեպակառքը, որն մեզ «Հանքային ջրերեն» բերեց այստեղ՝ դուրս թափեց ամենիս փողոցի մեջտեղը և ինքը գնաց հեռացավ: Մանր, սառն, թափանցիկ անձրևը անդադար շաղում էր, գետինը թաց, տեղ-տեղ ջրշեղջներ[45] կանգնած, ծառերից ամեն մի քամի փչելիս հորդահոս թափում էին խոշոր կաթիլներ, մարդիկ դեմքերին հոգս նկարած՝ շտապում էին իրանց գործին, խանութի տղերքը ծույլ-ծույլ կանգնած էին խանութների դռան մոտ, անցուղարձ անողներին մինչև անգամ չէին հրավիրում ապրանք գնելու, իմանալով որ՝ ամեն մարդ այժմ մի բան է ցանկանում, որ է՝ պատսպարվել այս անտանելի օդեն:

Այսպես իմ մուտս բարևեց Տաք ջուրը:

Մի հայ խանութպանի օգնությունով քաղաքի ետ ընկած թաղի մեջ ծանր գնով վարձեցինք մի հավաբույն և փոքրիկ

---

[45] Ջրշեղջ - ջրի կուտակում՝ շեղջ, կույտ:

պայուսակս ու իրեղեններս ներս տարի: Եվ շատ ուրախ էի, որ գոնե ցուրտ անձրևեն կարողացա ինքս ինձի ազատելու:

«Տաք ջուրի երեք ամիսը կերակրում է նորան ամբողջ տարին»: Որպիսի ահագին հարկ պիտի տա ամեն մի ճանապարհորդ, որ կշտացնե մի ամբողջ քաղաք, բնակարանի վարձեն բռնած մինչև վերջին իրը քառապատիկ գին ունի այստեղ՝ համեմատելով ուրիշ տեղերի: Դիցուք թե հարուստ մարդը կարող է զիարդ և իցե տանել այդ ծանրությունը, ի՞նչ անե ողորմելի չքավորը: Ահա խնդիր, որն վճռելու համար շատ փիլիսոփաների գլուխներ պիտի ցավին ունայն:

Մեր կողմի մարդոց շատ հայտնի Բ. գտել է այստեղ յուր շռայլ ապրուստը բավականացնող առատ աղբյուր: Նորա անհագ ստամոքսը լցնելու համար որքան նիհար քսակներ ու գրպաններ պիտի քամվին:

Այսօր պղտոր եղանակի պատճառով երաժիշտների խումբը նվագելու չէ. ուրեմն ճեմելիքների մեջ զբոսնող ժողովուրդ չի լինիլ: Կմնամ տանը և շփոթված գլուխս ու պայուսակիս մեջի իրերը կարգի կբերեմ:

Ինչպես կուզեի իմանալ՝ եկե՞լ է «նա», թե ո՛չ. և կամ՝ այստե՞ղ է, թե՞ գնացել է Էսենթուք, կամ Թթու ջուր, կամ Երկաթ ջուր...

Հունիսի 11.

Այսօր բոլոր օրը անցուցի ճեմելքիների, հասարակական զբոսարանների մեջ և լողարանների մոտերը ման գալով, հույս ունեի կա՛մ «նորան» տեսնել, կա՛մ՝ նորա հորը, կա՛մ նաժիշտին և կա՛մ ծառաներեն մեկին, բայց իմ մանրակրկիտ հետազոտությունները իզուր կորան, նա դեռևս եկած չէ՛: Շատ կառապանների էլ հարցուցի՝ արդյոք այս ու այս նշաններով մարդիկ բերե՞լ են հանքային ջրեր սաված իջևանեն. նոցա պատասխաններեն եզրակացուցի, որ իմ պտրածներին նրա ո՛չ տեսել են և ո՛չ հանդիպել են: Ինչո՞ւ այսքան ուշացան, ի՞նչ է պատճառը, ի՞նչ արգելք է հանդիպել: Իմ կարծիքով նրա ոչինչ պատճառ պիտի ունենային Ռոստով այդքան երկար մնալու:

Քուռսերը թեև մայիսի առաջին օրերին սկսված են, բայց ժողովուրդը շատ սակավ է: Ասում են թե այժմ՝ Կովկասի ջրերը այցելելը ավելի թանկ է նստում, քան թե արտասահման երթալը: «Կույրն էլ գիտե, որ կիրակին տոն օր է»: Երբ որ լուր տարածվեցավ, որ մեր մեծամարդիկը Կովկասի ջրերը տվել են բախտախնդիր Բ. ձեռք, ամենքը միաբերան ասացին, որ ջրերու բանը պրծավ, ժողովրդի նախագուշակությունը շուտ և ճիշտ կատարվեցավ, թեև Բ. դորանից ոչինչ վնաս չունի: Ո՛վ գիտե նա յուր տան խորշում նստած և հազարները համարելով քթի տակից որքան կուշտ ծիծաղում կլինի, ասելով.

«Թող իմ բանը աջի, ով կուզի հաչի»:

Քաղաքիս իսկական անունը խաբարդացիների լեզվով Ըսսը-Սու է, որ նշանակում է տաք ջուր, իսկ ռուսաց Փյաթիգոռսք անունը տված է Բեշ թավ սարեն, որ իիրավի հինգ գագաթ ունի և որ քաղաքիս հյուսիսարևելյան կողմումն է 8—10 վերստ հեռավորությամբ: Ինքը քաղաքը հիմնած է Մաշուխ սարի լանջի վրա, նորա ստորոտը և այն ձորի մեջ, որն կազմվել է Մաշուխի ծոցեն բխող հանքային ջրերու փորելեն:

Հանքային ջրերու բժշկարար զորություն ունենալու մասին, մեր օրերում, երկարորեն խոսիլն անգամ ավելորդ աշխատանք է, իսկ Կովկասի հանքային ջրերու օգտավետությունը խորին հնությանը ես հայտնի էր: Բայց ես մի տարօրինակ կարծիք լսեցի, որին թեև չեմ հավատում, բայց այստեղ հիշելը ավելորդ չեմ համարում: Ինձ շատ տեղացի ծերեր ասացին որ՝ առաջվա ժամանակները Տաք ջուրի բժշկարար ուժը ավելի էր. հենց որ նորա սկսան նորանոր կարգերը մտցնելու՝ ջրերն էլ քանի գնաց ավելի և ավելի կորցրին զորությունը: Դարձյալ կրկնում եմ, այս խոսքերին ես հավատ չեմ ընծայում, բայց նոցա տակը ամուր գծում եմ: Սորա նման մի ուրիշ կարծիք կլսեք Թիֆլիսի ծերերից եղանակի ցրտանալու մասին: Այս ի՞նչ բան է:

Հունիսի 13.

Երկու օր անտանելի օդեր էին՝ տոթ, քամի և փոշի, բոլոր այդ ժամանակը ոտքս սենյակես դուրս չի դրի. ինքս ինձի տկար էի զգում: Էսենթուքի ջուրը մարդուս շատ արթուն է պահում, այնպես, որ՝ նորա խմողը յուր բնակարանեն շատ պիտի չհեռանա:

Այսօր որ դուրս եկա՝ առաջին գործս եղավ հարց ու փորձ անել Սոֆիայի մասին, երբ որ իմացա, որ տակավին եկած չէ՝ գնացի ու առաջին անգամ մտա Տաք ջրի երևելի ծծմբային լոգարանը, թեև միայն տասը րոպե մնացի մեջը, բայց երբ որ դուրս եկա՝ ասես թե կյանքիս վերա տասը տարի ավելցուցած զգացի: Երանի՜ այն մարդոց, որոնք աստվածային այսպիսի շնորհը տարին-տասներկու ամիս քթերի տակ ունին... Բայց ի՞նչ կասես, որ Հայաստանն էլ մի օր լիքն է եղել բնության այսպիսի անգին գանձերով: Ասում են թե՝ Անիի բաղանիքի մեջ հինգ ջոկ հատկության հանքային ջրեր բերված են եղել զանազան տեղերե:

Առավոտները բազմությունը ժողովվում է Եղիսաբեթյան աղբյուրի կամ ինչպես շենքի վերա գրած է՝ Եղիսաբեթյան սրահի մեջ, ուր յոթ ժամեն մինչև ութը նվագում է երաժշտաց խումբը: Հիվանդներեն շատերը այդ միջոցին են խմում ո՛րը մի և ո՛րը երկու բաժակ ծծմբային ջուր և մարսելու համար ամբողջ ժամ առաջ ու ետ ման են գալիս սրահի մեջ: Երբ որ երաժիշտները դադարում են նվագելը, բազմությունն էլ ցրվում է: Այնուհետև սովորաբար սկսում է ժողովրդի կամ ավելի ճիշտ ասեմ՝ հիվանդների մեծ մասը լոգարաններումը լվացվելու:

Երբ որ աղբյուրին մոտեցա, որ հանքային ջրեն խմեմ, մի

լկտի դեմքով, բայց բավականին գեղեցիկ երեսով և բարեկազմ մարմնով երիտասարդ սպա ինձ ետ մղեց և յուր բաժակը ինձանից առաջ տվեց աղբյուրեն ջուր հանող աղջկան, որ լցնե ջրով: Ես վրդոված նայեցա սպայի երեսին, նա էլ նայեցավ վրաս պայքար հրավիրող կերպարանքով, ասես թե մեղավորը ոչ նա, այլ ես էի: Ես լռեցա, սպան քաջալերվեցավ և առավել համոզվեցավ, որ «համարձակությունը քաղաքներ առնող է»: Այս սպան ինձ բոլորովին անծանոթ չէր: Ես շատ անգամ տեսել էի սորան երկու մայրաքաղաքի մեջ: Օթելների մեջ մեծածախ ճաշի կամ խորակի[46] մասնակցող, գինարբուքի մեջ շիշ ու գավաթ փշրող, ծառա ծեծող, հայելի կոտրող, թատրոնումը չհավանած դերասաններին և դերասանուհիներին թրջած խնձոր ձգող, լիխաչով չափ տվող մայրաքաղաքի հռչակավոր քոքեթների [47] ետևից և այլն, և այլն, միով բանիվ՝ այնպիսի «շքեղ ստահակություններ» [48] անող, որոնց համար մինչև այժմ, այսինքն մինչև տասնիններորդ դարս չի կարմրում այսպիսի սպան: Ասում են թե՝ այս սպան մի առանձին հատկություն ևս ունի, որն հետն բերել է Փարիզեն յուր վերջին ճանապարհորդացնեն, այսինքն՝ լավ վարձով ալֆոնսություն անել [49]: Այս նորամուտ բառ է եվրոպական լեզուների մեջ. եթե սորա ճիշտ մեկնությունը կուզեք իմանալ՝ հարցացե՛ք հարուստ այրիներին... Այս երիտասարդ սպայի անունը Վլադիմիր Դռոզդով էր:

Սիրտս վրդոված գնացի նստա բազմոցի վրա, իսկ Դռոզդովը մի ուրիշ սպայի հետ կուռ-կոհ տված՝ քանի-քանի

---

[46] Խորակ (պրսկ.) – ճաշ, կերակուր:

[47] Քոքեթ, կոկետ - արտաքին այլևայլ ձևերով ու միջոցներով դուր գալ ցանկացող, սեթևեթող, կոտրտվող, պչրվող:

[48] Ստահակություն - ստահակ արարք, վարքագիծ, վերաբերմունք: Ստահակ - սուտ՝ մոլար բաների հակում ունեցող մարդ, խարդախ, նենգ, վատ:

[49] Ալֆոնսություն անել – սիրուհու հաշվին ապրել: Ալֆոնս - Սիրուհու հաշվին ապրող տղամարդ:

անգամ առջևից անցավ և ես երկու-երեք անգամ լսեցի նորա բերանից առմյաշքա խոսքը: Ազգային հպարտությունը բարձրաձայն խոսեցավ մեջս, նայեցա չորս կողմս, հեռվումը տեսա երեք-չորս հայ, որոնք արդեն քանի օր է, իրար հետ ականջ ականջի հայերեն փսփսում են. իսկ հրապարակավ, ժողովրդի մեջ պինդ-պինդ ռուսերեն են կոտրատում: Եթե հաստ վզերը, կլոր երեսները, տկռած փորերը ու կարճ ոտերը չլիներ՝ նոցա կարելի էր բոլորովին եվրոպացի համարելու, վասնզի նոցա վրայի հագուստը ավելի եվրոպական, այսինքն վերջին ձևով կարված էր, քան թե նույնիսկ եվրոպացիինը: «Մեկ մարդը դաշտի մեջ մարտիկ չէ» ասացի մտքիս մեջ ու կուլ տվի Դռոզդովի այս նախատինքը:

Ութ ժամին, երբ որ երաժիշտները դադարեցան նվագելու և ժողովուրդը խումբ –խումբ սկսավ վերեն վայր իջնելու, ես էլ միայնակ տխուր սկսա իջնել և ուղղեցի քայլերս դեպի բնակարան: Երմալովի լոգարանին որ հասա՝ հանկարծ առջևս երեք ֆայտոն սրընթաց անցան, վերջին երկու ֆայտոնները ծանր բեռնավորված էին, մեջերը նստողներ չկային, իսկ առաջինի մեջ նստած էին չորս հոգի, երեքի երեսը չտեսա, բայց նոցանեն մինին ես նմանեցուցի Կատյային՝ Սոֆիայի հայ նաժիշտին: Սիրտս սաստիկ թունդ առավ. մոռացա Դրոզդովին էլ, իմ այն առավոտ կրած անարգանքն էլ. բոլորը մոռացա. Սոֆիայի ներկայությունը ասես թե բոլոր քաղաքի մեջ երջանկության հոտ և լույս տարածեց, ծառերն է՛լ ավելի գեղածիծաղ էին երևում, մարդոց երեսն է՛լ ավելի բարի և ազնիվ, ազգ անպատվող հայերն էլ երևում էին ինձ առավել անբախտ, քան թե ցածահոգի:

Գաղտնիք չէ՛, որ ես սիրահարված եմ Սոֆիայի վրա և գլխավորը՝ սիրահարված եմ առանց հույսի: Սոֆիան որ կա՝ միլիոնատերի միակ ժառանգն է, իսկ ես հայաստանցի մի խեղճ երիտասարդ, համալսարանեն հենց այս ամառ արձակած բժշկի վկայագրով: Երկինք ու երկիր իրար ավելի մոտ են, քան թե ես ու Սոֆիան:

Հունիսի 18.

Հինգ օր անդադրում գիշեր-ցերեկ անձրևներ են գալիս, ո՛չ մի վայրկյան չի պարզեցավ երկինքը, ու գետինը չցամաքեցավ, որ ես կարող լինեի ոտքս շեմքես դուրս դնելու ու Սոֆիայի մասին, ինչ ու ինչ իմանալու, իրա՞վ նա էր եկողը, թե՞ ես խաբվեցա մի օտար աղջիկ Կատյայի տեղ ընդունելով, և այդ շատ հավանական է։

Ձանձրությունը և հոգեկան վիշտը խեղդում է ինձ, սիրտս ուզում է տրաքել։ Գիրքը չունիմ, որ կարդամ, ծանոթներ չունիմ, որ հետերը նստիմ, խոսակցիմ, սիրտս բացվի, եղանակը պարզ չէ, որ փողոց իջնեմ, մարդ տեսնեմ։ Բանտարկյալի նման չորս պատի մեջ փակված, հորանջելով և հեկեկալով մնացել եմ։

Որովհետև առջևս պարապ ժամանակ կա (մինչև Սոֆիայի գալը) և ես մեկ ուրիշ օգտավետ գործ չունիմ կատարելու, հիշեմ իմ անցյալը, որն այս ներկայիս հետ անխզելի կապ ունի։

Համալսարան մտած տարիս՝ հայրս մեռավ, հորեղբայրներս, որոնք հորս կենդանության ժամանակ նորա խանութի մեջ հասարակ սպասավորներ էին, չգիտեմ ի՛նչ խարդախություն բանեցուցին, որ մեռելը դեռևս սեղանի վրա կեցած՝ հայտնեցին, որ հորս մեծ հարստութենեն բացի հիսուն հազար մոսկովցիների պարտքեն ուրիշ բան մնացած չէ։ Մայրս, քույրս և ես մնացինք որբ և աղքատ։ (Հորս մահեն ետ սոքա էլ շատ չապրեցան, մի տարիից մեռավ քույրս և տարի ու կեսից մեռավ մայրս։) Քանի մի ժամանակեն աղքատ հորեղբայրներս դարձան մեր քաղաքի առաջնակարգ հարուստները, իսկ մայրս և քույրս իրանք իրանց աղքատիկ ապրուստը ստիպված են եղել կար-կարկատով ճարելու։ Այսպես՝ ես Մոսկովումը օխտն օտար ազգի մեջ, հեռի մայրենի քաղաքես, հեռի սիրելի բարեկամներես, մնացի անտեր, լքված և օրական հացի կարոտ։

Այն ժամանակները Մոսկվա մի բարի քահանա կար՝ անունը Մովսես։ Այս տեր Մովսեսը, իմանալով իմ նեղ վիճակը, առանց ինձ բան ասելու, գնացել է մի նորեկ հարուստ հաշտարխանցի հայ վաճառականի մոտ և պատմել է իմ որդիսությունը։ Իսկ և իսկ այդ վաճառականին էլ յուր միակ աղջկա կրթության համար այդ միջոցին պետք է եղել մի վարժապետ։ Եվ այդ կերպով տեր Մովսեսը և Ասատուր աղան իրանց մեջ պայման են դրել՝ ամսական տասներկու մանեթ ռոճկով ինձ կարգել վարժապետ։ Երբ տեր Մովսեսը ինձ հայտնեց այս բանը, այս նեղ դրությանս մեջ այս պայմանն էլ երևեցավ ինձ աստուծո ամենամեծ ողորմություն, թեև այդ ամենամեծ ողորմությունը ամեն օր խլում էր իմ թանկագին ժամանակից ամբողջ երկու ժամ, որն ուսանողի համար անփոխարինելի կորուստ է։ Ո՛չ միայն այդքան, այլև Ասատուր աղան աջ ու ձախ քարոզում էր, թե նա մի հայ ուսանողի մեծ բարերարություն է անում, այսինքն՝ տալիս է նորան ապրուստ, ոտից գլուխ հագցնում է և լցնում է նորա բոլոր պիտույքը, և խոհեմությամբ լռում էր իմ ծանր աշխատանքի մասին։

Սոֆիան (Ասատուր աղայի տասներեք տարեկան աղջիկը) բավականին երես առած աղջիկ էր. և մինչև որ նորան դասի կարողանում էի նստեցնել՝ իմս էլ ինձ էր հասնում։ Առանց մեկ պատճառի կա՛մ գլուխն էր ցավում, կա՛մ տրամադրություն չէր ունենում՝ պարապելու, կա՛մ դասերը պատրաստած չէր լինում, կա՛մ գրքերը կորցրած էր լինում, եթե խրատում կամ աղաչում էի՝ սկսում էր լալա ու հազարումեկ նազեր էր ծախում։ Սառն քրտինք էր գալիս վրաս մինչև կարողանում էի ամեն բան կարգի բերել ու սեղանի առջև հանգիստ նստեցնել։ Աշխարհագրության, կամ քերականության, կամ թվաբանության դասերի ժամանակ ամեն անգամ ստիպված էի անտեղի հարցմունքի պատասխաններ տալու։ «Աղջկան ի՞նչ հարկավոր է, թե Լոնդոնը Թեմս գետի կամ Վոլգայի վրա է. աղջկան ի՞նչ հարկավոր է, որ թագավոր բառի սեռականը թագավորի է և ո՛չ թագավորա, աղջկան ի՞նչ հարկավոր է, որ մեկ փութի մեջ կա երեք հազար ութը հարյուր քառասուն զոլոտնիկ. մայրս խո այդ ամենը ո՛չ սովորել է և ո՛չ գիտե, բայց նա շատ լավ մայր է»: Եթե ես նրան մեկնում էի թե՝ նորա մոր աղջկության ժամանակ այդ ներելի էր, այժմ ուրիշ ժամանակ է, և աղջկանից ավելի է պահանջվում, նա իսկույն ասում էր. «ուրեմն իմ մայրը հիմար է, ուրեմն իմ մոր ծնողքը անպիտան մարդիկ էին, որ չէին կրթել նորան»: Շատ անգամ խաթուն Օսաննան (Սոֆիայի մայրը) ևս ինձանից սիրտը ցաված էր լինում, և ես ստիպված էի լինում գլուխս ցածրացնել արդարանալով այնպիսի գործերում, ուր ամենևին հանցանք չունեի:

Չգիտեմ կա՞ արդյոք աշխարհիս երեսին ավելի ստոր և ապերախտ պաշտոն, քանց հայ երեխաների դաստիարակիչ լինելը: Այդ միջոցին հազար անգամ սոսկալի երդումներ եմ կերել, որ եթե ես երբևիցե հայր լինիմ՝ անեծք կդնեմ իմ զավակների վերա՝ ո՛չ հայի քահանա և ո՛չ հայի վարժապետ լինել, տասնապատիկ գերադասելի է կառապան կամ փողոց ավլող մշակ լինել, քան թե հայոց քահանա կամ վարժապետ: Այն թշվառ կոպեկները, որ հայը շպրտում է յուր քահանային կամ վարժապետին, ոչինչով ավելի պատվավոր չեն այն կոպեկներեն, որ նա տալիս է մի մուրացիկ աղքատի, թե՛ այս և թե՛ այն դիպվածում նա յուր տվածը համարում է ապարդյուն ծախք: Հայը հավատում է լուսավորության ուժին, բայց ո՛չ այն լուսավորության, որն ստանամ է մեկ հայից, այլ որն տալիս է նորան պաշտոնատարը, աստիճանավորը:

Զարմանալի՜ բան, քանի՛ ավելի տանջում էր ինձ Սոֆիան, այնքան ավելի սաստկանում էր համակրությունս դեպի նորան. համակրությունս ժամանակով սերի դարձավ իսկ սերս փոխադրվեցավ կրքի: Այո՛, այս երես-առած աղջկանը ես կրավոր կերպով սիրեցի: Օրե-օրե նա զարգանում էր մարմնով, առողջությունը խոշոր կայլակներով[50] կաթում էր նորա թշերից, լայն լանջերից ու բավականին բարձր իրանքից, և երբ լրացավ նորա տասնյոթը տարին և ես հինգերորդ դասարան մտա՝ Սոֆիան արդեն հարսնացու էր: Սերի կամ սովորության նման մի բան նորա կողմից ևս նկատում էի արդեն դեպի ինձ. բայց ծնողաց հոժարության մասին բոլորովին հուսահատված էի: Եվ ունեի պատճառ:

Մի օր Աստուր աղայի մոտ Հաշտարխանից հյուրեր էին եկել, երեկոյան թեյ էին խմում: Ես եկա Սոֆիային դաս տալու: Այդ միջոցին Սոֆիան տասնվեց տարեկան կլիներ, ես էլ չորրորդ դասարանի ուսանող էի: Հյուրերեն մինը հարցուց (երևի ականջը փոքր ինչ խուլ էր, վասնզի նկատած էի, որ խուլը կարծելով ուրիշին էլ խուլ՝ միշտ պինդ է խոսում).

— Էս ի՞նչ մարդ ա, հա՞յ ա:

— Հա, հայ ա:

— Ի՞նչ գործի ա:

— Աղջկանս վարժապետն ա, սովորցնըմ ա:

— Շատ ջահել ա, չես վախենը՞մ:

— Քու տունը աստված չի քանդի, ինչի՞ց պետք ա վախենամ. Սոֆինկես էն հոր-մոր զավակ ա, որ էդպես անփոխանների վերա թքել չի ուզիլ, չէ թե մեկ ուրիշ բան:

— Նայի՛ր, սա՛խտ կացիր[51], Բուղդան Նիկիտիչ. կրակն ու բարութը մին-մինի մոտ չեն տինում, մին էլ տեսնիս բիրդան կտռաքի, հա՛:

— Չէ, Սիմոն Մալխասիչ, էտ դումանից դու միամիտ կացի՛ր:

— Սոֆինկան իմ մեկ հատիկ զավակն ա, աչքիս լուսն ա, իմ միլիոնի ժառանգն ա, ես գի՞ժ եմ, որ էս անփոխանին տամ. ի՞նչ եմ հոգում, որ նա բժիշկ ա, գլուխն էլ քարը, հիմա

---

[50] Կայլակ - փոքրիկ կաթիլ, շիթ:

[51] Սախտ կացիր – խիստ եղիր:

էտպես քանավալներով[52] քուչաները մոստիտ են անըմ[53]. պալկովնիկներ, գեներալներ, գուբեռնատորներ քի՞չ են, ի՛նչ, Ռուսաստանըմը...

— Աղա՛ Ասատուր, մի՞թե աղջկանդ ռուսի կտաս, հայիֆ[54] չէ՞: Էդ խոմ չիլավ, հաութունը մեղալամ կըմոռանա...

— Շատ պետք է ինձ քու հայութունը,— ասաց քիթ պռունկը ծռմռելով Ասատուր աղան,— ի՞նչ ա, ռուսը կռապա՞շտ ա, ինչ ա, նա էլ խոմ մեզ նման քրիստոնյա յա, բալքի մի զատ էլ ավելի... թողէ՛ք... պաժալըստա, ձեր ազգասիրությունը, ինչ ասես փիս բան՝ էդ ազգասիրութինի մեջն ա: Մեկ օր (դուք կացեք) ամենքիդ կըփռնեն, Սիբիր կուղարկեն, էն ժամանակ կիմանաք թե ինչ ա նշանակըմ՝ ազգասիրությունը, հաութունը: Չէ՛, աղա ջան, իմ Սոֆինկեն աղավարի յա պոլկովնիցա կիլի, յա եներալշա, յա գուբեռնատրշա, դու զնա էլի քու ազգասիրությունը արա...

— Հալբաթ,– ասաց Սիմոն Մալխասիչը,– Սոֆինկայի բանը ջոկ ա. սաղ աշխարհքը որ պտրես, Սոֆինկայի նման բարիշնա յա մեկը քթնես, յա էրկուսը:

Այդ միջոցին Սոֆիան գիրքը առած ներս մտավ, ես դուռը փակեցի ու էլ չի լսեցի այս անբարոյական խոսակցությունը երկու պատվավոր հայերի:

Ասացի որ՝ ես Սոֆիայի վրա սիրահարված էի, բայց սաստիկ կսխալին մարդիկ, եթե կկարծեն որ նորա հոր հարստությունը իմ սիրո մեջ մի որևէ դեր էր խաղում, ամենևին ո՛չ: Աստուծո առջև կարող եմ ասել, որ ոչ մի րոպե նորա հարստությունը ինձ չէր շլացրել, և ես ոչինչ ցանկություն չունեի երբևիցե տեր լինելու այն միլիոնին, որ նա մի օր յուր հորից պետք է ժառանգեր: Իմ պատմածից երևում է, որ Սոֆիան մի առանձին հոգեկան

[52] Քանավալ – ձիու հեքիմ:

[53] Մոստիտ անել – այստեղ՝ թափառել:

[54] Հայիֆ (պարս.) – մեղք:

արժանավորություն ևս չուներ, որով կարող լիներ ինձ հրապուրելու: Ո՛չ. ես (թեև ամոթ է խոստովանելը) շատ սովական կերպով սիրել էի նորա գեղեցկակազմ, շնորհալի արտաքինը: Քանի որ նորան տեսնում էի՝ աչքս մութ էր կոխում, արյունս եռ էր գալիս, սիրտս պինդ-պինդ բաբախում էր ու ջիլերս քաշքշվում էին: Եվ ի՛նչ զարմանք, ինքս էլ այն ժամանակ քսաներկու տարեկան էի: Հոգի իմ մեջ էլ չէի նշմարում, ի՞նչպես կուզեք, որ ուրիշի մեջ որոնեի: Ես բոլորովին համոզված եմ, որ «առաջին սեր» ասած զգացմունքը իսկ և իսկ այն է, ինչ որ ես զգում էի այդ պատանեկական հասակիս մեջ: Այո, ինչ որ ես ասում եմ, գուցե ուրիշները չասեն, բայց այդ ոչինչ չէ նշանակում, այդ միայն ապացուցանում է, որ նոքա ինձ նման սրտաբաց չեն:

Ռոպեի մեջ սիրել չէ՛ կարելի, բայց սիրահարվիլ կարելի է. ռոպեի մեջ երևում է մարդուս արտաքինը և ոչ թե հոգին: Հոգի ճանաչելու համար շատ տարիներ են պետք: Մենք սիրահարվում ենք արտաքինի և ոչ թե հոգու վերա: Հավանիլ, սիրահարվիլ, սիրել՝ պատանեկի և աղջկա համար միանշան գաղափարներ են. միայն չափահաս տարիքը կարողանամ է որոշել և ամենին յուր տեղը և աստիճանը տալ մարդկային հարաբերությանց մեջ: Ստում է տղան, եթե ասում է թե այս ինչ աղջկա հոգին սիրեցի, նույնպես և աղջիկը տղի համար, մի՛ հավատաք, նոքա հավանել են միմյանց աչքը, ճակատը, մարմնու գույնը և այլն: Պատանիի կամ դեռահաս աղջկա բերանումը հոգին մի անորոշ գաղափար է այնպես, ինչպես որ ազգասիրություն խոսքը մեր ժամանակակից հայերից շատերի շրթերումն: Կարճ՝ ես սիրահարված էի Սոֆիայի վերա, բայց նույնը չեմ կարող ասել Սոֆիայի կողմից: Իհարկե, չորս տարվա ընթացքում, գրեթե ամեն օր չորս–հինգ ժամ միասին անցնելով, նա եթե չի զգար էլ դեպի ինձ սեր, գեթ ընտելացել էր իմ ներկայությանը: Ինձ տեսնելով՝ ուրախ էր լինում, եթե երեք-չորս օր հիվանդությանս պատճառով չերևայի նորա աչքին, հարցնում էր՝ ինչո՞ւ եկած չէի... և այլքանը: Երբեք նկատած չէի, որ նորան վշտացներ իմ բացակայությունը և կամ թե մեծ ուրախություն պատճառեր իմ ներկայությունը:

Մի երեկո, ըստ սովորությանս, գնացի նորան դաս տալու, բայց տանը չի գտա. հոր ու մոր հետ միասին չգիտեմ ո՛ւր էր գնացել: Որովհետև հոգնած էի՝ չուզեցի, իսկույն բնակարանս վերադառնալու, ու մնացի նորա սենյակի մեջ: Պատի վերա կախած էր նորա լուսանկար պատկերը, աչքս դարձուցի վերան ու երկար ժամանակ նայում էի. հանկարծ վերաս մի անմեկնելի տրտմություն եկավ, աչքերես ակամա սկսավ արտասուք գալու: Հանեցի գրպանես թաշկինակս, սրբեցի աչքերս ու նորից անհագաբար նայում էի պատկերի վերա, դարձյալ բխաց աչքերես արտասուքի աղբյուրը: Այդ միջոցին մի մարդ դուռը բացեց, ներս մտավ, բայց ես ուշք չիդրի այդ բանի վերա, դարձյալ և դարձյալ, աչքս պատկերին հառած, լալիս էի: «Պարոն, ինչո՞ւ ես լալիս, պարո՛ն, մեղք ես դու, պարո՛ն կարժե՞ էդ աղջիկը, որ դու նրա վերա մաշվում ես», ասաց ինձ մի քնքուշ և ողոքական [55] ձայն: Ես դարձա և տեսա որ՝ առջևս կանգնած էր Կատյան, Սոֆիայի նաժիշտը:

Կատյան տարիքով հասակակից էր Սոֆիային, չար լեզուները (դուք նկատե՞լ եք, որ չար լեզուները մեծավ մասամբ ճշմարտախոս են լինում) ասում էին, որ Կատյան Ասատուր աղայի մոտավոր ազգականներից մեկի որբն է, Մոսկով գալիս առել, բերել են հետները: Ուրեմն չորս տարիից ավելի էր, որ ամեն օր տեսնում էի նորան, բայց զարմանք բան, ոչ մի անգամ արժանի համարած չէի նորան իմ ուշադրությունը, տեղեկացած չէի թե՝ ի՞նչպես է կենում, ի՞նչպես է զարգանում, ի՞նչ պիտի լինի սորա ապագան, մինչև անգամ մտադրությամբ նայած չէի երեսին և չգիտեի սիրո՞ւն է, թե տգեղ, և եթե փողոցի մեջ հանդիպեի նորան, շատ կարելի է որ չի ճանաչեի ես:

Երբ որ Կատյայի ձայնը ականջիս հասավ՝ առաջին

---

[55] Ողոքական - համոզիչ, հորդորիչ, հորդորական, թախանձալից, թախանձական, աղերսական:

անգամ՝ նայեցա երեսին և ի՜նչ տեսնեմ, առջևս կանգնած էր, թեև աղքատի հագուստով, բայց շատ գեղեցիկ աղջիկ, հասակը երկու-երեք մատ բարձր Սոֆիայից, երեսի գույնը առավել վարդագույն և առողջ, լանջերը ավելի ճոխ զարգացած, մազը ավելի թավ, վարսը ավելի հաստ և երկայն, բազուկները մսոտ, առողջ և ուժեղ, մեկ խոսքով՝ Կատյան այն հազվագյուտ կանանցմեն էր, որոնք հաջողակ դիպվածներին հսկաների մայրեր են լինում: Բայց, ուշադրություն չդարձրի, ազնիվ ուսանողին շատ անվայել էր շքեղ բամբիշին փոխել մի մրոտ աղախինի վերա:

Անհամբերությամբ սպասում էի մայիս ամսին, երբ հարցաքննություններս ավարտած, բժշկի վկայականը ծոցս, օրինավոր քաղաքացի դարձած՝ պիտի ներկայանայի Աստուր աղային և նորա պատվական Օսաննա խանումին և հայտնեի, որ ես ի վաղուց հետե հավանել եմ նոցա աղջկանը. ահա՛ այժմ ռուսաց պետության աստիճանավոր եմ, ապրուստս լիովին ապահոված է, առաջվա պես ողորմելի երիտասարդ չես, ուրեմն, խնդրում եմ նոցա աղջկա, գեղեցիկ Սոֆիայի ձեռքը: Այս մասին քանի անգամ խոսել էի Սոֆիայի հետ, և որքան միտս էր գալիս, թեև նորա կողմեն մեկ հրճվալի ցնծության նշաններ տեսած չէի, բայց «չէ, չեմ ուզում քու կինը լինել» ևս լսած չէի նորա բերանեն, այնպես որ, կարծում էի թե՝ մեր ամուսնությունը ոչինչ արգելք չունի, գոնե իմ և Սոֆիայի կողմանե:

Վերջապես մայիսը հասավ, և ես վերջին հարցաքննություններս փառավոր կերպով տվի պրծա, վկայականս ծոցս դրի և ուրախ-ուրախ վազեցի Սոֆիայի ծնողաց մոտ:

— Հը՞, ի՞նչ ա,— բարևեց ինձ Աստուր աղան:

— Պրծա՛, պրծա՛,— ասացի նորան ուրախ-ուրախ:

— Շատ լավ ա, շատ լավ,— ասաց նա,— հիմի ուրեմն մեր հինգ տարվա արած լավությունը փուճ տեղը չգնաց, մենք էլ փա՛ռք աստծու, պրծանք մեր պարտքից: Հիմի ինչպես գիտես՝ էնպես կառավարվիր, էլ այսուհետև ումուտդ մեր վերա մի՛ տինիր. ինքդ քու գլխու ճարը արա...

Ես ամեննին այսպիսի պատասխան չէի սպասում, այս խոսքերը լսելով, ասես թե գլխուս սառը ջուր թափեցին: Բայց ես ինքս ինձի ժողովեցի ու հետո ասացի.

— Մեծապես շնորհակալ եմ ձեզ՝ իմ վերա ունեցած ամեն երախտիքի համար, բայց ես ձեզ մի ուրիշ խնդիրք ունիմ հայտնելու:

Խնդիրքի անուն որ լսեց, Ասատուր աղայի երեսի գույնը թռավ:

— Հինգ տարի էսքան լավության անելից հետո՝ էլի՞ բան ա մընըմ,— ասաց նա դժկամությամբ:

— Այժմվա խնդիրս փողի բան չէ՛, ասացի:

— Ապա ասա՛, տեսնենք, ի՞նչ խնդիր ա:

— Ասատուր աղա՛,– ասացի կմկմալով,– ձեզ հայտնի է, որ ես այժմ անկախ մարդ եմ, այսուհետև ինձ ո՛չ առուտուր է պետք, ո՛չ դես ու դեն ման գալ՝ աշխատանք ու ապրուստ ճարելու համար, ոչ պետք է հոգամ թե վաղը ի՛նչ պետք է ուտեմ կամ մյուս օր ի՛նչ պետք է հագնեմ, փա՛ռք աստծո, այժմ իմ առջև ամեն դռներ բաց են, իմ կյանքը և ապրուստը բոլորովին ապահոված է...

— Լաա՛վ,— ասաց Ասատուր աղան ձայնը ձգելով ու ճակատի տակից երեսիս նայելով,— էտի որ ասում ես՝ հետո ի՞նչ ես ուզում հասկացնի...

— Այն եմ ուզում հասկացնել, որ ես այժմ ազատ մարդ եմ...

— Թե որ ազատ ես, շատ բարի, քու ձեռը հով ա փըռնըմ... գնա՝ ուր որ ուզըմ ես, ո՞ւր ես մարդու բեզարացնըմ. ասաց ու բարկությամբ երեսը շուռ տվեց և ուզում էր հեռանալ...

Տեսա որ՝ ի՛նչ ուզում էի հասկացնել՝ խոսքերիցս այն դուրս չեկավ ու շփոթվեցա, բայց ուժս վրաս ժողովելով, նորից սկսեցի.

— Ասատուր աղա՛...

— Էլ ի՞նչ, հալա չի պրծա՞ր...

— Ես մեկ բան անեմ ձեզ հայտնելու...

— Ասա տեսնեմ, ի՞նչ ես ուզըմ հայտնել,— ասաց ու երեսը և մարմինը կես դարձուց դեպի ինձ:

— Աստուր աղա, մի՛ բարկանաք վրաս, ես ձեզ մի գաղտնիք պետք է հայտնեմ...

— Փիյ է է է՛, սպանեցիր վեր տիրար, օրթնած մարդ, էս քանի՞ վախտ ա. ականձ եմ տինըմ՝ դատարկ խոսքերից դայրաղ բան չեմ լսիմ. ասա՛ պրծի՛ր, ես ժամանակ չունեմ քու տռհաջությունները միտիկ անելու...

— Ես... ես... ես սիրում եմ մաղմուազել Սոֆիային.. հոժա՞ր եք, որ նա իմ կինս լինի...

Աստուր աղայի երեսը սպրդնեցավ, մեռելի գույն եղավ, աչքերը արյուն կոխեց, ճակատը քրտինք տվավ:

— Դո՛ւն... Սոֆիային... դո՛ւն... իմ, իմ, իմ Սոֆիանյին... իմ Սոֆիան քու կինը իլի՞... Իմ Սոֆինկեն, միլիոներ աղա Աստուր Բեյթումալովի աղջիկը մեկ էշի զըխկու սալմաստեցի՝ խոյեցիի կընիկ իլիի՛... ատա՝ խեյքդ տանե՞լ ես տվել, թե՞ ինձ գիժ ես կարծում... Քեզ հո՞վ իրավունք տվավ էդպես անամոթ, լիրբ բաներ մտքից անց կացնելու: Միտիկ արա՛, պարոն հեքիմ, դու հալա ջահել ես. էս անգամին կիլի քեզ ներել, ամա թե մյուս անգամ էսպես անմարդավարի, պիապուռ[56] խոսք լսել եմ բերանիցդ էն վախտ, խնդրեմ, ինձանից բեղամաղ չիլես[57]. նոքարներիս կիրամայեմ վզակոթիդ տալով՝ տանիցս դուրս անեն: Հիմի էլ, խնդրեմ, վախտ բե վախտ[58] տունս մի գալ. այսուհետև վարժապետությունդ պրծավ, էլ դու ո՛չ Սոֆիայի վարժապետն ես, ո՛չ էլ Սոֆիան քու աշակերտը: Հիմի գնա՛ քու բանին, կուզես՝ դուլլուղ[59] մտի՛ր, կուզես՝ էնպես

---

[56] Պիապուռ – անամոթ:

[57] Բեղամաղ լինել – վիրավորվել, արհամարհվել, վշտանալ, դառնանալ:

[58] Վախտ բե վախտ (պրսկ.)- ժամանակ անժամանակ:

[59] Ղուլլուղ – ծառայություն՝ ծառայողի աշխատանքը՝ պաշտոնը, զբաղմունքը:

հեքիմություն արա՛, կուզես քու վաթանը[60] Սալմաստ ու Ղարաբաղ ա, ինչ մարաքա յա, գնա՛ ու քու գործիդ իլի՛ր. էս էլ լավ իմանաս, որ Սոֆինկան քու բերանի թիքան չի. նրա վերա խոսողը՝ առաջ մեկ լավ բերանը պետք ա լվանա, իստակի, ապա թե իրավունք ունենա խոսելու:

Այսպիսի անպատիվ վարմունքից ու խոսքերից ետ՝ ինձ ի՞նչ էր մնում անելու: Գնացի փակվեցա իմ փոքրիկ սենյակի մեջ և ժամերով աղիողորմ լաց եղա: Սոֆիայի հիշատակը ինձ անողորմ հալածում էր. աչքս թե փակ լիներ թե բաց՝ նորա երեսը կենդանի կեցած էր իմ առջև, և ասես թե մեղադրելով ինձ ասում էր. «Այդպե՞ս ուրեմն, տկար է քու սերը դեպի ինձ. մի՞թե մի ծեր մարդու երկա-երեք կշտամբանքը կարողացան սառեցնելու քու սերը, որն ես ամբողջ հինգ տարի արծարծել ու բորբոքել էի»:

Իսկույն տեղից վեր թռա. մի նամակ գրեցի նորան, այն օրվա նորա հոր հետ ունեցած խոսակցությունս բառ առ բառ գրեցի և հարցուցի նորա խորհուրդը թե՝ ի՞նչ պետք է անեմ այսուհետև: Նամակը որ պրծա՝ կնքեցի ու գնացի Ասատուր աղայի տուն, ետևի սանդուղքով մտա խոհանոց, և կամացուկ սպրդեցուցի Կատյայի ձեռքը, խնդրելով, որ իսկույն Սոֆիային հասցնե: Կատյան ոչինչ չասաց. մեղքանալով նայեցավ աչքերիս մեջ ու դուրս գնաց խոհանոցից: Ես էլ գնացի բնակարանս:

Երեկոյան թեյի ժամանակ կամացուկ ներս մտավ Կատյան, ու տվեց ինձ մի փոքրիկ թուղթ, ուր մատիտով գրած էր ռուսերեն. «Այս օրերս մենք գնալու ենք Տաք ջուր, եթե կարող ես՝ արի՛ այնտեղ, կարելի է դիպված գտնես մեկ հնարով հորս հետ հաշտվելու: Իմ վերա հույսեր մի՛ դնիլ, ես քեզ ոչինչով օգնել չեմ կարող, նմանապես չեմ կարող ծնողացս կամքեն դուրս գալու, այդպիսի զոհ ինձանից մի՛ պահանջիլ»: Նամակի տակը ստորագրություն չի կար:

Կատյան սպասում էր:

---

[60] Վաթան (գվռ.) - հայրենիք:

— Լա՜վ է, շնորհակալ եմ,— ասացի,— պատասխանելու բան չունիմ: Ներե, որ քեզ անհանգստություն պատճառեցի:

Կատյան տեղիցը չշարժվեցավ: Ես տեղես ելա նորից շնորհակալություն ասացի նորան, բայց նա դարձյալ անշարժ կեցած էր, ու աչքը արտասուք ուղիղ աչքիս մեջ էր նայում: Ես զարմացա:

— Կատյա, ի՞նչ եղավ քեզ, ինչո՞ւ ես լալիս:

— Աղա՛, ես քեզ խնայըմ եմ, դա մեղք ես, իզուր տանջվըմ ես. Սոֆիան քու ոտքի հողին չարժե. նա փուճ աղջիկ ա. նախախ[61] ես պատիվդ ոտնատակ անըմ:

— Ի՞նչ ես ուզում ասել, Կատյա ջան, ասացի, ինչո՞ւ ես վատաբանում քու խանումին, էստեղ նա ի՞նչ մեղք ունի, եթե կա մեղավոր՝ էդ նրա հերն է, Սոֆիան բոլորովին անմեղ է:

— Չէ՛, աղա, դու սխալվըմ ես, թեպետ աղա Աստուրը մեղավոր ա, ամա Սոֆիան տասնապատիկ ավելի ա մեղավոր, թե Սոֆիան ուզեր՝ քեզ էս օրին չէր հասցնիլ. ամեն բանի մեղավորն Սոֆիան ա, նա քեզ գժվացնըմ ա. նա քեզ չի սիրում, նա ղայրաղ[62] իրան ոչ-ոքի չի սիրում:

Նորից ու նորից զարմացա, որ այս մունջ Կատյայի բերանից այսպիսի համարձակ խոսքեր էին դուրս գալիս: Հինգ տարվա մեջ ես մեկ բառ լսած չէի սորանից: Ասեիր՝ տա՛ր՝ կտաներ, ասեիր՝ բե՛ր, կբերեր, ամեն հրաման առանց մեկ խոսք ասելու, անտրտունջ և լուռ կաներ: Ոչ մի զանգատ, ոչ մի անտեղի, լիրբ ծիծաղ լսած ու տեսած չէի նորանից: Այսօր մի հրաշք էր պատահել նորան. մեր հինգ տարվա մունջը պերճախոս հռետոր էր դարձել:

Ես գլուխս կախեցի և արտասուքը ակամա վազեցին աչքերես: Կատյան կամաց, բայց այնպես կամաց, որ ես ամենևին չնկատեցի, մոտեցավ ինձ, ետևիցս գլուխս յուր կրծքին սեղմեց, պագեց և ասաց նույնպես լալով (նորա արտասուքը մազերիս վրայեն գլորվելով՝ երեսիս վերա

---

[61] Նախախ – իզուր:

[62] Ղայրաղ – բացի:

ընկան). «Ա՜խ, աղա ջան, էս ի՞նչ դժոխք աշխարի ա, դու Սոֆիայի համար ես էրվում, ուրիշը քու կրակովն ա խորովվում, Սոֆիան էլ, որ գիտե, ում ոտքին մի օր դուրբան պետք ա գնա: Աղա ջան, աղա ջան, հրամայե, ես քու ոտքերի տակ կսատկեմ... Ա՜խ, ինչո՞ւ ես իրավունք չունիմ քեզ սիրելու, դուն էն ժամանակ կտեսնեիր՝ թե ի՞նչպես պետք է սիրել քեզպես հոգիով տղամարդին»:

— Կա՛տյա, գիտե՞ս ինչ, գնա՛ շուտով տուն, չլինի թե Ասատուր աղան գա ու քեզ տանը չի գտնե. նա վատ մտքեր կունենա քո մասին:

— Աղա ջան, ի՞նչ եմ հոգում, որ նա իմ վերա վատ մտքեր կունենա, այսուհետև թեկուզ սև հողն էլ մտնեմ, հաջաթս[63] չէ՜,— ասաց աղջիկը լալով ու դուրս թռավ:

Երբ որ Կատյան գնաց՝ խղճի խայթի նման մի բան սկսավ ներսս կրծելու:

— Սոֆիա՞, թե՞ Կատյա, Կատյա՞ թե՞ Սոֆիա, հարցնում էի ինքս ինձի, ու պատասխանը չէի գտնում:

Մի շաբաթից ճանապարհ ընկա դեպի Տաք ջուր, բայց Ասատուր աղան արդեն երկու օր առաջ գնացել էր այնտեղ:

Հունիսի 20.

Երկու օր դարձյալ անպտուղ կորցրի հյուրանոցներու, վարձու տալու տներու և բնակարաններու մեջ հարց ու փորձ անելով՝ արդյոք՝ Մոսկովից այս ու այս նշաններով ընտանիք եկե՞լ են թե ոչ: Ոչ ոք ինձ մեկ բավարար պատասխան տալ չկարողացավ: «Երևի, միտք արի, ես իրավ սխալվել եմ, մի օտար աղջիկ նմանեցնելով Կատյային»:

Այսօր երեկոյան դեմ, ժամը 6-ին, ես գնացի այստեղի ճեմելիքը՝ ուր սովորաբար երաժիշտները նվագում են և ժողովուրդը խառն բազմությունով զբոսնում է:

---

[63] Հաջաթ – գործիք, կարիք, այստեղ՝ *հաջաթս չէ* – պետքս չէ:

Ճեմելիքի մեջ տեղ-տեղ դրած են ղեղձանիկի վանդակի նման փոքրիկ խանութներ, ուր վրաստանցի հայը ծախում է թարմ պտուղներ, գերմանուհին՝ տաք-տաք գրդակներ[64], ուրիշ մարդ՝ լրագիրներ և գրքեր, տեղ-տեղ սեղաններ էլ կան, ուր ծախվում են արծաթազլուխ ցուպեր, կնիքներ, բուստե[65] և լավաէ շինած կանանց զարդեր, «նորաշեն հնություններ և նորատիպ հին դրամներ», այս սեղաններից մինի առջև կանգնած են երկա-երեք պարսիկներ և ծախում են ակեր ա մարգարիտներ:

Ես առհասարակ սաստիկ հակակրության անիմ դեպի ակնավաճառները, և նկատել եմ, և իմ նկատմունքը շատ սակավ սխալ է եղել, որ ակնավաճառները ըստ մեծի մասին լինում են խարդախ, խորամանկ, ստախոս, մարդահաճո, շողոքորթող և խաբեբա մարդիկ: Պատճառը շատ պարզ և հասկանալի է. նախ որ՝ «մութ ապրանք» է, նա որոշյալ գին չունի, նորա գինը կտրվում է ծախողի ճարպկությունով և գնողի թեթևամտությունով, և. երկրորդ՝ ակը առօրյա պետքական բան չէ. այլ զեխության առարկա է. նորա գնողը հարկավ ունևոր մարդ պիտի լինի, իսկ ունևոր մարդու ձեռքից շատ փող դուրս հանելու համար՝ վաճառականը պիտի ունենա այն հատկությունները, որ քանի մի տող վերը հիշեցի, այսինքն՝ խորամանկություն, մարդահաճություն, ստախոսություն, շողոքորթություն, խաբեբայություն և խարդախություն:

Ինչպես ասացի, ճեմելիքի մեջ շարած սեղանների մինի առջև կանգնած էին պարսիկներ ու թանկագին ակեր և ակնակուռ զարդեր էին ծախում: Հանկարծ աչքս դարձնեմ ու ի՞նչ տեսնեմ. Աստուր աղան մի մեծ կարմիր զմրուխտ է ծախս անում, պարսիկը պահանջում է վեց հազար մանեթ,

---

[64] Գրդակ – թխվածքի տեսակ:

[65] Բուստե - բուստից պատրաստված, գոյացած: Ծովային կենդանի, պոլիպների մի տեսակը:Այդ կենդանիների կրացած մարմիններից գոյացած սպիտակ, կարմիր կամ սև գույնի քար, որից հատուկ մշակությամբ զարդարանք են պատրաստում, մարջան (կորալ):

իսկ Ասատուր աղան տալիս է չորս հազար հինգ հարյուր մանեթ:

Համալսարանումը ես առանձին ուշադրությամբ լսում էի հանքաբանության դասախոսությունները և մեր պրոֆեսորը ակերու վերա խոսելիս՝ միշտ սովորեցնում էր մեզ զանազան հնարներ՝ թե ի՞նչպես պետք է խարդախ ակը իսկականից ջոկելու, իսկ կարմիր հակինթի մասին, այս օրվա պես միտս է, երկարորեն պատմել էր:

Եվ ճշմարիտ պետք է ասել, որ այնպիսի ընտիր ակ, ինչպես որ պարսիկն էր ծախում, ես կյանքիս մեջ տեսած չէի՝ թե՛ ցոլքի, թրաշի, և թե՛ խոշորության կողմանե: Թագավորին էլ որ ընծայեիր, չէիր ամաչիլ՝ այնքան գեղեցիկ էր: Հանկարծ հոգուս մեջ երկմտություն մտավ չլինի՞ թե այս խարդախ ակ լինի, վասնզի, ես կարծում էի, եթե նա իսկական ակ լիներ՝ առսակավը տասնհինգ հազար մանեթ պետք է արժենար, իսկ մեկ քնծռոտ պարսկի ձեռք ի՞նչ գործ ուներ այդպիսի գումարի ահագին ապրանք: Արդեն պարսիկը զիջել էր ութ հարյուր ռուբլի և Ասատուր աղան ավելացրել էր հինգ հարյուր ռուբլի, տարբերությունը այնքան չնչին էր, որ փոքր ժամանակից ետ անպատճառ նոցա ծախսը պիտի վերջանար և ակը պիտի ծախվեր: Սիրտս չհամբերեց, ուզացի ստուգել իմ կասկածը, մոտեցա Ասատուր աղային, բարևեցի (իբր թե մեր մեջ երբեք գժտություն պատահած չէր), հարցուցի նորա առողջությունը (Սոֆինկայի մասին մի խոսք չհիշեցի) և հետո հարցրի, թե ի՞նչ է ծախս անում:

— Էս յաղութը[66] ուզում եմ առնել, ի՞նչ կասես՝ լավ բան ա՞,— և ցույց տվեց ինձ այն սիրուն ակը, որ փստուղի[67] մեծության կլիներ:

Ձեռքս առի, դարձրի դեպի արեգակն ու ակի մեջտեղը երկայն ժամանակ և ուշադրությամբ նայեցա: Մի

[66] Յաղութ – հակինթ, կապույտ կամ կանաչ գույնի թանկագին քար, շափյուղա:

[67] Փստուղ – կաղին:

աննշմարելի գիծ տեսա նորա մեջ որն անփորձ մարդը հարյուր տարի էլ որ նայեր՝ չէր տեսնիլ, ու դառնալով պարսկին, ասացի.

— Քանի՞ ուզում ես ծախել այս ակը: Պարսիկը կեղծի ժպիտով ասաց.

— Ես պահանջում եմ հինգ հազար երկու հարյուր մանեթ, իսկ այս աղան (ցույց տվեց Ասատուր աղայի վերա) տալիս է հինգ հազար, մնում է որ ձեզպես լուսավորյալ և հմուտ մարդը մեզ հաշտեցնէ այս երկու հարյուր մանեթի համար, ասաց ու խոնարհաբար գտակը հանեց առջևս:

— Այս խարդախ ակ է,— ասացի պարսկին:– Դու ի՞նչ իրավունք ունիս հրապարակի մեջ և այդպիսի լրբությամբ միամիտ մարդոց խաբելու: Դու չգիտե՞ս որ՝ այս Ռուսաստան է, ուր կա օրենք և դատաստան, դու քու Պարսկաստանը չգիտենաս, ուր կարելի է օր ցերեկով խաբել, խարդավանել և սպանել, ու անպատիժ մնալ:

Պարսկի և Ասատուր աղայի երեսները սպրդնեցան. մինինը վախից, իսկ մյուսինը բարկությունից:

— Ատա՛, էլի՞ քու անմարդավարությունը շանց տվար, էլի՞ տեղդ դինջ մնալ չկարողացար, էս ի՞նչ բիաբուռ, թոկից բաց ընկած մարդ ես իլած, մեղայ ասծու մեղա, ասաց ինձ Ասատուր աղան:

Նորա բարկությունից խրախուսված՝ պարսիկը հարձակվեցավ վրաս.

— Պա՛րոն, երևի դու ի՛նքդ կարծում ես, որ այս երկիրը Ռուսաստան չէ՛, այլ մեկ վայրենի անապատ է. եթե դու օրենքի հետ ծանոթ լինեիր, անշուշտ կիմանայիր, որ Ռուսաստանի մեջ զրպարտիչը նույն պատիժն է ստանում, ինչ որ պետք է ստանար հանցավորը: Այժմ ես քու օձիքդ (յախադ) ձեռքես բաց չեմ թողնիլ, եթե չապացուցանես, որ ես խարդախ մարդ եմ, օրենքը կուտա քեզ այն պատիժը, որն պիտի ստանա խարդախը:

— Թո՛ղ այդպես լինի,— ասացի ես,— կա՛մ Միբիր կերթամ՝ աքսոր, կամ կիաստատեմ, որ այս ակը խարդախ է, և դա ոչ թե հինգ հազար երկու հարյուր մանեթ, այլ մեկ գրոշ չի արժիլ:

Այս որ ասացի, վառեցի մի լուցափայտ ու բոցը մոտեցրի ակին, երբ որ ակը մի փոքր տաքացավ՝ իսկույն երկու կտոր սիրուն տաշած և հղկած հասարակ ապակի դարձավ, որի մեջ ներկ էր քսած՝ կարմիր գույն տալու համար ու եզերքները սոսնձով կպցրած:

Ասատուր աղան պապանձված մնաց, իսկ պարսիկը ամոթիցը ու բարկությունիցը չգիտեր ի՛նչ աներ:

— Տե՛ս, տե՛ս, ի՞նչպես խաբվել եմ ես. այս անպիտան հասարակ ապակիի համար տվել եմ հինգ հազար մանեթ ափսո՛ս, հազար ափսոս իմ կորցրած փողիս,— ասաց պարսիկը, հուսահատված ձևանալով:

— Ա՛յ բան,— ասաց, ծիծաղելով Ասատուր աղան, ամա լավ բաբաթի պետք է խաբեր ինձ էս շ. ո. պարսիկը եթե դու չլեիր... Նո՛ւ, պարոն Վարդան, մեռնելս մտքիցս կանցներ, բայց էսպես դոչաղությունդ ամեննին մտքիցս չէր անցնիլ: Էսօր դու ինձ հինգ հազար մանեթ բաշխեցիր, մեծապես շնորհակալ եմ: Թե էդպես ա՝ արի՛ գնանք մեր տուն՝ մեկ տեղ հաց ուտենք, բայց խնդրըմ եմ, մյուս անգամ էլ էն հին գժությունններդ մի՛ անիլ: Էս անգամն էլ քեզ կբաշխեմ:

Պարսիկը կամացուկ հավաքեց ապրանքը, փակեց ապակիե կափարիչով արկղը ու հեռացավ. մենք էլ գնացինք Ասատուր աղայի տունը: Այս կերպով նորա դռները նորից բացվեցան իմ առջև:

Ճաշի վրա ո՛չ Սոֆիան կար և ոչ նորա մայրը՝ Օսաննան, Կատյային էլ չտեսա: Երեկոյան ժամը 5-ին սիրտս կոտրած վերադարձա իմ խրճիթը:

Հունիսի 23.

Ի՞նչ եմ ուզում ես Ասատուր աղայից, ի՞նչ եմ սպասում Սոֆիայից, այս հարցմունքներին մինչև այժմ ինքս ինձի ուզացած չեմ ճիշտ պատասխան տալու. Ասատուր աղան որ կա՝ մի ինքնահավան, կամակոր, փառամոլ մարդ է: Նա ինքը իր խելքով, իր աշխատանքով (արդար, թե անարդար ճանապարհով՝ այդ ջոկ բան է) կարողացել է միլիոնի տեր լինելու, այդ՝ Ասատուր աղայի և նորա նմանների կարծիքով մի այնպիսի սխրագործություն է, որի առջև պիտի ոչնչանան ամենայն ինչ մարդկային արժանավորություններ և առաքինություններ. գիտություն, իմաստություն, քաջություն, քանքար, հանճար՝ ի՞նչ չնչին բաներ են հարստության առջև: Ասատուր աղան արդեն սիրահարված է յուր խելքի վերա, կամակորությունը խորունկ արմատ ձգել է նորա մեջ: Ասատուր աղան հարուստ է, ուրեմն աշխարհիքի ամեն բարիքը հասանելի են նորան. փողով նա կարող է մեծամեծ, արքայավայել պալատների մեջ բնակել, իրա շրջապատը շքեղ զարդարել, ծանոթություն ունենալ ամեն պատվավոր, քանքարավոր և բարձր աստիճանավոր մարդոց հետ, գնել մարդոց խղճմտանքը, գնել, մինչև անգամ, չքնաղագեղ կանանց եթե ոչ սերը, գեթ նոցա կեղծի գորովը և հրապույրքը: Ես՝ մի աղքատ և աննշան բժիշկ, այն էլ հայ բժիշկ, ի՞նչ պիտի կարողանամ նորան տալու, ինչո՞վ գրավելու նորա կոշտացած սիրտը: Նորան պետք է բարձրաստիճան, անվանի, երևելի ազգատոհմե փեսա, որի վերա նայելով նա կարող լինի պարծենալու թե՝ ահա ինչպես ոմնի տվել եմ իմ աղջկանը: Ես ի՞նչ մեկ այդպիսի աչք ընկնելու արժանավորության ունիմ, բացի համեստաթենեև և աշխատասիրութենեև, որով հազենար նորա սնափառությունը: Այժմ դառնանք Սոֆիային: Ինչո՞ւ– ինձ պետք է սիրե Սոֆիան. նորա՞ համար որ ես նորան սիրում եմ. ի՞նչ մեծ փառք և երջանկություն է իմ սերը նորա համար: Գեղեցիկ դեռահաս, և որ գլխավորն է՝ հարուստ աղջկան ո՞ր երիտասարդը չի սիրել: Ո՞ւր է իմ այն արտաքին գեղը, որի վերա ամեն աղջիկ հաճությամբ նայում է. ո՞ւր են իմ փայլուն ուսադիրները՝ փայլուն օձիքները, շրխքշրխքալի թուրը և խթանները, որոնք հրապուրում են ամեն աղջկա աչք ու ականջ: Չէ՛, ո՛չ Ասատուր աղան և ո՛չ Սոֆիան կարող են սիրել ինձ այնպես, ինչպես որ ես կկամենայի: Եթե իմ մեջ կա ինչ ու ինչ արժանավորություն՝ նա այնքան փոքր է, որ խոշորացույցով պիտի նայես վրան, որ տեսնես, իսկ խոշորացույցը չի կա ո՛չ Ասատուր աղայի և ո՛չ Սոֆիայի աչքերին... Այս էլ ասենք, եթե Սոֆիան մի հասարակ մարդու աղջիկ լիներ, արդյոք ես կսիրեի՞ նորան և նա ինձ գեղեցիկ ու հրապուրիչ կերևա՞ր... իսկ Կատյա՞ն... Չէ, հեռացիր ինձանից, զննողակա՛ն ոգի, քեզ յուր մեջ ունեցողը երբեք բախտավոր չի լինիլ: Չեմ ուզում իմ զգացմունքը կշիռքի վերա դնելու... Ես սիրում եմ Սոֆիային. ես ամեն, հնար գործ պիտի դնեմ առաջադրյալ նպատակիս հասնելու և... կհասնեմ:

Այսօր բոլոր օրը անձրև էր գալիս, ամբողջ օրը տանիցս դուրս գալու հնար չի գտա. երեկոյան դեմ թեև անձրևը դադարեցավ, բայց գետինը այնքան խոնավ էր, որ հազիվ թե ժողովուրդը զբոսնելու ճեմելիք երթա: Անհնարին բան է, որ Սոֆիային թողած լինեն տնից դուրս գալու, հայրն ու մայրը դողում են նորա վրա ու աչքերի լուսի պես պահում են: Չէ, նա ճեմելիք չի երթալ: Մենակ նստած եմ սենյակիս, մեջ ու սրտնեղությունիցս պատուհանիցս դուրս եմ նայում: Շատ սակավ տուն կգտնվի Տաք ջուրի մեջ, որի դիրքը այնպես կենդանանկար լինի, ինչպես իմը, թեև բնակած փողոցս շատ տգեղ անուն ունի (Խոզի ձոր), բայց այն տեսարանը, որ փռված է առջևս՝ ի՛նչ ասես կարժե: Հարավից երևում է զալարազարդ պարտեզների և անտառների ծով. առավել հեռուն Փողքումոր գետակը, օձի նման պտույտքելով, անցնում է դաշտերի, անտառների ու սարերի միջով, ավելի հեռուն միջին բարձրության բլուրներ ծածկած են ծառերով, որոնք ինձ դալար խոտ են երևում, հեռավորության պատճառով նոցա ետնից էր յուր ալեզարդ կրկնակի գագաթները «տաշած ադամանդի» նման բարձրացնում Եալբուզը: Արևմտյան պատուհանիցս երևում են հայոց Նորաշեն եկեղեցիի գմբեթն ու Բեշթավի հինգ գագաթներեն մինը: Ամբողջ քաղաքը լողում է ծառաստունկների մեջ. Կարմրակատարներն[68] ու խաղատտնիկները[69] նոցա սաղարթների մեջ պահված՝ օդը լցնում են իրանց դայլայլիկովը. խոտերի ու ծառերի տերևների վերա ծիածանի ամեն գույներովը փայլում են անձրևի շիթերը, օդը այնպես մաքուր է, որ ամեն մի շունչ առնելիս՝ կարծում ես թե կյանքը լայն հոսանքով թափվում է մեջդ:

Անկո՛ւշտ մարդ, ահա քեզ բախտ, ահա քեզ գեղեցկություն, որն քեզանից չի պահանջում ոչ զոհ և ոչ հոգեկան տանջանք, վայելե՛, բախտավոր եղիր, ինչո՞ւ վազում ես անցավոր մութի ու անշոշափելի ստվերի ետևից: Մի՞թե քեզ սիրող Կատյան խրճիթի մեջ քեզ պակաս բախտ կբերե, քան թե քեզ արհամարհող Սոֆիան ճոխ ապարանքումը...

Լռե՛, լռե՛, առողջամտությո՛ւն, ես քու ձայնը չեմ ուզում լսել, ես սիրում եմ Սոֆիային, և ձեռքես եկած ամեն հնարը գործ կածեմ, որ նա էլ ինձ սիրե և իմը լինի:

Քնեցա, և անհանգիստ երազները սաստիկ տանջեցին ինձ ամբողջ գիշեր, մյուս օր որ զարթեցա՝ մարմինս հոգնած և տանջված էր:

Հունիսի 25.

Այսօր հասարակաց մատենադարան էի գնացել, ուզում էի կարդալով ձանձրույթս մի փոքր ցրվելու, բայց ո՛չ Լերմոնտովը, ո՛չ Տուրգենևը, ո՛չ Տոլստոյը և ո՛չ ժամանակակից հաստ օրագիրները կարողացան փարատելու տրտմությունսս: Թեև Տաք ջուր եկած օրերս ոչ մի անգամ տեսած չէի Սոֆիային, բայց հենց որ գիրքը բացում

[68] Կարմրակատար – սերինոսազգիների ընտանիքին պատկանող փոքրիկ, երգեցիկ թռչուն:

[69] Խաղատտնիկ – ճնճղազգիների կարգին պատկանող փոքրիկ թռչուն՝ երկար, շարժուն պոչով:

էի էջքերի մեջ գրվածքի տեղ տեսնում էի նորա պատկերը, բայց, զարմանալի՛ բան, Սոֆիայի ետևից էլ երևում էր աչքիս Կատյայի երեսը, որ տխուր նայում էր վրաս և գլուխը շարժելով, ասես թէ մեղադրում էր ինձ... ինչո՞ւ...

Ձեզ մեկ բան ասե՞մ, լսեցե՛ք; Տեսնում եք, որ ես Սոֆիային սիրում եմ, այսուամենայնիվ, նորա սիրտն ու հոգին գրավել չեմ կարողանում, ինչո՞ւ: Մյուս կողմից, ես համոզված եմ, որ Կատյան ինձ սիրում է, և հոգիս վկայում է, որ այդ տգետ, ծառա աղջիկը վաղ կամ ուշ կգրավի ինձ և կտիրապետե... ինչո՞ւ:

Իսկական մաքուր, անկեղծ սերը միշտ կհամոզե ու կհաղթե:

Ի՜նչ, ինչ ասացի՜ ե՞ս... Կատյայի՞ն... սիրե՞մ... ե՞ս նորան... իմ կի՞նը... անեմ... Երբե՛ք, ես շուտով ինքս ինձի կտամ կսպանեմ, քան թե շքեղ, քնքուշ Սոֆիային թողած, այդ սպասավոր աղջկան սիրեմ և վրան պսակվիմ: Թո՛ղ այն օր ինձ սև սուգի օր լինի, երբ ես Կատյայի մարդը լինիմ: Միթե՞ ես այդ բանի համար իմ պատանեկության ամենագեղեցիկ հինգ տարին զոհեցի, ամեն տանջանք, նվաստություն և զրկանք համբերեցի, որ, վերջապես, ծաղիկ հասակս և փայլուն ապագաս նվիրեմ մեկ նաժիշտի... Ա՜խ, Կատյա, Կատյա, այս ի՞նչ ես անում ինձ հետ, քու մաքուր և անկեղծ սերը դեպի ինձ առավել վտանգավոր է, քան թե վիշապ օձի խեղդող օղակները:

Թողի գրքերն ու գնացի հասարակաց դահլիճը (Նիկողայոսյան ոքսիալը), որ կից է մատենադարանին, որ Էսենթուքի ջուր խմողները ժամ կամ ժամ ու կես ման են գալիս, հանկարծ ի՞նչ տեսնեմ, Սոֆիան և Կատյան ման եկողների մեջն էին, երբ որ հակառակ պատին հասած՝ ետ դարձան ու երեսները շուռ տվին՝ մենք միմյանց հանդիպեցանք: Ինձ որ տեսավ Սոֆիան՝ սպրդնեցավ, իսկ Կատյան շառագնեցավ: Իրար բարև տվինք, ձեռք սեղմեցինք (իհարկե, Կատյան ինձ ձեռք տալու չհամարձակվեցավ) ու սկսանք սովորական խոսակցություն՝ օդի և ջրերու ներգործության և այլ այսպիսի աննշան առարկաների մասին: Կատյան թեև չէր խոսում, բայց աչքիցս պուկ չէր տալիս: Սոֆիան թեև հետս էր խոսում, բայց ամենևին չէր նայում վրաս, այլ նայում էր մեկ սպայի վերա, և այդ սպան էր... Դոոզդովը, որն պահարանի առջև կանգնած՝ հանքերն էր նայում:

Սիրտս տակնուվրա եղավ, նախանձը օձի խայթոցի նման լցվեցավ սրտիս մեջ և անողորմաբար տանջում էր ինձ:

— Այս ի՛նչ սիրուն սպա է, ասաց ինձ Սոֆիան, չգիտե՞ք արդյոք ի՛նչպես է նորա անունը:

— Անունը Վլադիմիր է ասացի:

— Վլադիմի՞ր, ա՜խ, ինչ սիրուն անուն է:

— Մի՞թե Վարդանը, իմ անունս, Վլադիմիրից վատ է:

— Ով է ասում, Վարդանն էլ վատ անուն չէ,— ասաց ու քթի տակից ծիծաղեց:— Վարդան, Վարդան. «Հայը թակե Վարդանին, թուրքը թակե Վարդանին», հա՜, հա՜, հա՜, հա՜, բայց Վլադիմիրը ավելի գեղեցիկ է: Ինձ այնպես երևում է, որ՝ ով որ Վլադիմիր անուն է կրում՝ անպատճառ պետք է լինի սպիտակ երեսով, կարմիր թշերով, բարձր հասակով, կապույտ աչքերով և դեղձան [70] մազերով մեկ քաջ երիտասարդ...

— Ինչպես որ այս Դոոզդովն է, այնպես չէ՞, օրիորդ:

— Մի՞թե սորա մականունը Դոոզդով է. այդ էլ շատ գեղեցիկ մականուն է... Վլադիմիր Դոոզդովը,— մրմնջաց կամացուկ...— շատ սիրուն երիտասարդ է:

Սոֆիայի աչքերը գոհարի նման ցոլացին, երեսը շառագունվեցավ և դեմքի վերա անմեկնելի երջանկություն փայլում էր:

Այդ րոպեին ես այնպես ատեցի Սոֆիային, ինչպես որ մարդս կարող է ատել յուր ծնողաց կամ զավակների սպանողին, բայց, ավա՜ղ, այդ ատելությունը նման էր այն ատելության, որն զգում է թռչունը, որ կեցած է խորամանկ

---

[70] Դեղձան - բաց դեղնագույն, խարտյաշ:

օձի առջև, ողորմելին թռված է թունավոր սողունի աչքերեն. նա ակամա մոտենում է նորա բացած բերանին, և ատելով՝ նորա զոհն է դառնում: Այսպիսի կախարդական ուժով Սոֆիան քաշում էր ինձ դեպի իրան: Մի՞թե այս սեր է: Եթե այդ սեր ևս լինի, զոնե այն սերեն չէ, որն մարդուս երջանկացնում է: Եթե Կատյան Սոֆիայի հանգամանքի մեջ լիներ՝ նորան էլ այսպե՞ս կսիրեի արդյոք, թե ո՛չ: Ահա խնդիր, որն լուծելու համար առողջ դատողությունս հրաժարվում էր ինձ օգնելու...

Սոֆիան յուր անզգույշ վարմունքով բանը այն տեղը հասցուց, որ Դոոզդովը նկատեց, որ աղջկա վերա ազդեցություն է գործել յուր արտաքին տեսքովը: Քանի-քանի անգամ նորա վերա շինծու անուշ աչքեր ձգեց, և մի անգամ էլ իբր թե պեխերն է շփում, մատի ծայրովը համբույր ուղարկեց նորան: Չգիտեմ նկատե՞ց այդ Սոֆիան, թե ո՛չ, միայն թե ամեննին վիրավորված չցուցուց իրան, այլ ընդհակառակն, միշտ ինձ հետ պինդ-պինդ ռուսերեն խոսելով, աչքը նորանից չէր հեռացնում, և խոսակցության նյութը ավելի հետաքրքրելի էր Դոոզդովին, քան թե ինձ:

Կատյան, ինչպես ասում են, կեցած տեղը անկրակ այրվում էր ամոթից ու դժկամությունից:

Ի՞նչ պիտի կարծեր Դոոզդովը իմ վերա, ի՞նչ գաղափար պիտի կազմեր օրիորդ Սոֆիայի և առհասարակ ամեն հայերի վերա:

Ես աղջիկներին մինչև նոցա տան դուռը ճանապարհ ձգեցի, բայց քաղաքավարությամբ ներս չի մտա. սպասում էի, որ Սոֆիան կհրավիրե. բայց նա չհրավիրեց, և ես մնաս բարև ասացի ու հեռացա:

Տխուր վերադարձա ճեմելիք: Թեև ժամանակը ուշ էր, բայց շատ զբոսնողներ կային: Նստարաններից մինի վերա սպաները պինդ-պինդ խոսում ծիծաղում էին: Հեռվից գալիս էր Դոոզդովը:

Սպաներեն մինը ասաց.

— Պարոններ, աչքերդ այն կողմը դարձրեք: Թամբովի այղըռն [71] է գալիս:

Սպաները բարձրաձայն ծիծաղեցին: «Շատ սիրուն և հարմար անուն է մեր Դռոզդովի համար»,— ասացին քանիսը, «Թամբովի այղը՛ռ, Թամբովի այղը՛ռ» կրկնեցին:

Երբ որ Դռոզդովը մոտեցավ՝ ոչ մի սպա նորան ձեռք չի տվեց, ինչպես երևում էր՝ նա նոցա առջև խեղկատակի դեր էր խաղում:

— Պարոննե՛ր, ծիծաղեցեք վրաս, ծիծաղեցե՛ք,— ասաց նա կես ծիծաղով և կես ծանրաղեմ,— ձեր չի հավանած Թամբովի այղըռը մի այնպիսի ասիացի զամբիկ [72] է գտել, որի համար շատերդ ուրախությամբ կհոժարեիք ինձ նման այղըռ լինելու:

— Ո՞ւր է կենում այդ զամբիկդ, ո՞րտեղ կարող ենք նորան տեսնելու,— ասացին մի քանի երիտասարդ սպաներ:

— Որտեղ կեցածը դեռևս ինքս էլ չգիտեմ, բայց կարծում եմ, եթե պարզ եղանակներ լինին, նորան միշտ կարելի է ճեմելիքում տեսնել: Բայց այդ չէ՛ գլխավորը, այն է (ինձ մի առմեաշքա պտղավաճառ ասաց), որ նա մի շատ հարուստ հայի աղջիկ է, թեև ցեղը, ինչպես տեսնում եք, ասիական է, բայց ֆրանսիացիից ավելի ազատամիտ դաստիարակված է. ուրեմն «մեր դաշտի պտուղներիցն է»: Կեցցե՛ լուսավորությունը:

— Շնորհավորե՛նք, շնորհավորե՛նք այդ գյուտդ, բայց հետո մեզ էլ մաս կհասնի՞,— ասացին մի քանի կարմիր ու կապույտ քիթերով սպաներ:

— Պա՛րոններ, դուք շատ լավ գիտեք, որ ես եսամոլ չեմ: Իմ սիրած բանս է կանանց սրտերի մեջ ճանապարհ բանալ, հետո արդեն ես չեմ հոգում՝ ով անցուդարձ պիտի անե այդ ճանապարհի վերա:

---

[71] Այղըռ – որձ ձի, հովատակ:

[72] Զամբիկ - մատակ ձի, այստեղ՝ կին, աղջիկ:

Սպաները ծիծաղեցան. բայց իմ սրտես արյուն կաթեցավ:

Եվ ի՞նչ զարմանք, եթե ինքդ չգիտես պատիվ պահելու, ի՞նչ իրավունք ունիս պահանջելու, որ ուրիշները պահպանեն:

Գլուխս կախած տուն վերադարձա:

Հունիսի 26.

Առավոտը որ զարթեցա՝ առողջությունս տեղը չէր. լեզուս պղտոր էր, աչքերիս սպիտակուցը դեղնագույն և մի փոքր էլ արյուն կոխած, բազկերակս անկանոն, բերանս դառն, ասես թե լեղի էի խմել, բայց շատ լավ գիտեմ՝ որ գիշերս մրսած չէի, և ո՛չ երեկվա օրն ստամոքսս ավերած: Այսպես ուրեմն, պրոֆեսորներիս ասածը արդարացավ, թե հոգու ստացած հարվածները միշտ ցոլանում են մարմնու վրա: Այսօրվա տկարությունս անշուշտ հետևանք են երեկվա անախորժ անցքերին:

Այժմ արդեն երկբայության տեղի չիկա, որ Սոֆիան ինձ չէ սիրում, բայց այդ բավական չէ, ես այժմ մինչև անգամ կասկածում եմ, որ նա երբևիցե և որին նիցե կարող լինի սիրելու: Կինը սիրո համար ստեղծած է, վասնզի կինը ինքը անձնավորած սեր է. կինը որ չսիրե՝ նա յուր կնությունը կորցնում է, մի խրտվիլակ, մի հրեշ է դառնում: Աղջիկը, որ պղատոնական սիրով չսիրե մի գաղափարական պատանիի, հարս որ չսիրե յուր փեսային, կողակից որ չսիրե յուր ամուսինին, մայր որ չսիրե յուր զավակին— այս անհասկանալի է ամեն ազգի մեջ: Գիտեմ, հոգիս վկայում է, որ եթե երբևիցե Սոֆիան իմ կինը լինի՝ նա իմ գլխուն մեծ անբախտություն պիտի բերե. աշխարհիս երեսին ամենաթշվառ արարածը պիտի դարձնե ինձ. բայց այնուամենայնիվ, նորա պատկերը մտքիցս հանել չեմ կարող: Շատ թանկ կտայի այն մարդուն, որ ինձ պարզեր՝ արդյոք հինգ տարվա սովորության հետևա՞նքն է այս, թե՞ ես իսկապես սիրում եմ նորան: Նմանապես շատ կուզեի իմանալ՝ թե Սոֆիան նս սիրե ինձ, ինչպես որ ես սիրում եմ նորան՝ արդյոք իմ սերը մի փոքր չէ՞ր պակսիլ և կամ բոլորովին չէ՞ր անհետանալ սրտես: Արդյոք արգելքները գլխավոր դեր չե՞ն խաղամ սիրո կապերի մեջ: Արդյոք մենք մեր համառությունը չե՞նք ընդունում սիրո եռանդի տեղ... Ո՞վ ինձ կմեկնե այս, իմ տարիքի համար, դժվարալույծ խնդիրները:

Կեսօրի ժամանակ տոթը սաստկացավ, փոքրիկ սենյակիս մեջ շնչելու օդ չէր մնացել, խեղդվում էի. սրտմաշուկ ճանճերը տարմովին[73] թռչում նստում էին մերթ առիքի, մերթ գեղանի և մերթ գլխուս վրա, նոցա բզզոցը դժոխային երաժշտության էր ականջներիս համար: Էլ հնար չիկար տանը մնալու, կես հիվանդ, կես առողջ հագվեցա թեթև ու գնացի ճեմելիք: Մարդիկ կամաց-կամաց, ամեն կողմից, գալիս հավաքվում էին, շատերը իրանց պատվիրած թիվը բաժակներին խմել էին ու լոգարանները ընդունել էին, մնացածն էլ ինձպես տանը մնալու հնար չունենալով՝ գալիս էին ճեմելիք զբոսնելու, ճաշելու էլ դեռ շատ վաղ էր:

Տաք ջրի ճեմելիքները սկսում են Մաշուկի բարձրագույն լանջեն, այսինքն իսկ և իսկ այնտեղեն, ուր կա Եղիսաբեթյան սրահը և իջնում են դեպի վայր, և գնալով միշտ դեպի արևմուտք, վերջանում են քաղաքի սահմանումը: Երբ որ Եղիսաբեթյան սրահին հասար՝ դեպի ձախ կողմդ վերևումը կտեսնես մի կանաչ սար, դեպի ձախ կողմդ վերևումը կտեսնես մի կանաչ ներկած հովանոց, ուր երբեմն եղել է էլոյան տավիղ, որ այժմ հանած է, ավելի ցած՝ գտնվում է Լերմոնտով բանաստեղծի քարայրը և մեջը նորա կիսարձանը, իսկ սրահը մեջ ընդ մեջ անցնելով, եթե երթաս դեպի հյուսիսային-արևմուտք, մի վերստ հեռավորությամբ կա այն երևելի փուլը[74], որը լցված է ծծմբային տաք ջրով, դեպի ուր այժմ տանում է մի գետնափոր ճանապարհ:

---

[73] Տարմովին – խմբով:

[74] Փուլ – փոս, փոս ընկած տեղ:

Ահա այսպես, ետև ետևե ճեմելիքները անցնելով, հասա մինչև Եղիսաբեթյան սրահը, այնտեղ մի փոքր կանգ առի, հարավումը տեսա ահագին Եալբուզը, որ ութսուն վերստ հեռվից մի ահագին սառույցի նման փայլում էր առջևս, և հետո քայլերս ուղղեցի դեպի փուլը:

Ճանապարհի կեսը անցած էի, որ տեսնեմ հեռվից մի կին է գալիս, երբ որ մոտեցավ՝ տեսա որ Կատյան էր, որ փուլից վերադառնում էր:

Իրար բարևեցինք:

— Երևի փուլ էիք գնացել,— ասացի:

— Այո՛, փուլ էի գնացել թամաշա անելու,— ասաց նա:

— Ափսո՛ս, որ ես մի փոքր ուշացա և կամ դուք մի փոքր շտապեցիք, թե չէ՝ միասին կերթայինք, ճանապարհը երկուսիս էլ ձանձրալի չէր լինիլ,— ասացի:

— Ի՞նչ հաջաթ, ես դաղրած [75] չեմ, պարոն Վարդան, եթե կկամենաք՝ ես ձեզ հետ նորից կերթամ,— ասաց Կատյան:

Երկուսս էլ սուտ ասացինք, երկուսս էլ մին մինի ասելու բաներ ունեինք, բայց չէինք ուզում խոստովանելու, երկուսիս էլ փուլ էրթալը (ես քանիցս արդեն տեսել էի) մի վայելուչ պատրվակ էր:

— Ուրեմն, Կատյա, եթե ձեզ ծանրություն չի լինիլ, էրթանք միասին,— ասացի ու կուռս տվի իրան:

Խեղճ աղջիկը, կյանքի մեջ երևի այսպիսի քաղաքավարություն տեսած չէր. ո՛րպիսի ուրախությամբ ձեռք ընկավ կուռիս, ո՛րպիսի քնքուշ շարժվածքով սիրուն գլուխը խոնարհեց դեպի աջ ուսս, հավատացեք, ոչ մի ավագորյարի [76] կամ իշխանի կին կամ դուստր չէր կարող այդպիսի չքնաղ պատկեր ձևացնելու յուր անձով: Նորա գլուխը հասնում էր մինչև ականջիս բլթակը, հասակը հասակիս և կազմվածքը կազմվածքիս այնպես հարմար էին

[75] Դաղրել – հոգնել:

[76] Ավագորյար – ավագանի, ավագներ, ավագների դասը:

գալիս, որ ասես թե անդուստ [77] ի վերուստ [78] մենք մեկմեկի համար էինք աշխարհք եկած: Աչքիս ծայրով նայեցա նորա երեսին և տեսա նորա լիովին երջանկությունը և անձնաբավականությունը: «Տե՛ր Աստված, տե՛ր Աստված,— ասացի մտքիս մեջ,— երբեմն ինչ փոքր բանով կարելի է մարդ երջանկացնել, նոր կյանք տալ նորան և փոխադարձ՝ ինչ փոքր բանով կարելի է նորան թշվառության անդունդ գլորել ու բարոյապես սպանել»: Իհարկե, այդ րոպեին Կատյայից երջանիկ կին չիկար աշխարհիս երեսին: Մի փոքր որ առաջ գնացինք, ես կանգնեցա ու ասացի նորան.

— Ես քեզ մի բան ասե՞մ, Կատյա, փուլը ես արդեն քանի-քանի անգամ տեսել եմ, դու էլ այս րոպեիս այնտեղ էիր. եկ այս մոտիկ նստարանի վրա նստենք ու խոսենք. մին էլ ի՞նչ այս տոթին, փոշի կուլ տալով, իզուր պիտի էրթանք ու վերադառնանք:

Առաջարկությունս ուրախությամբ ընդունեց Կատյան, ու մենք բաց դաշտի մեջ, մի վայրի տանձի ծառի տակ նստանք: Մեր կեցած տեղը բարձրավանդակ էր. դեպի արևելք խորունկ ձոր էր՝ զահավեժ ափերով, ավելի հեռուն երևում էին Փոդքումոք գետակը և շատ աուլներ [79], որոնք թաղված էին սաղարթախիտ պարտեզների և անտառների մեջ: Սարի կրճիցը զով ու անուշ քամին ուղիղ փչում էր մեր երեսին:

— Ի՞նչ նոր բան կա ձեր տանը, ինչպե՞ս է առողջությունը Աստուր աղային, Օսաննա խաթունին և օրիորդին,— սկսեցի ես, խոսակցության ավելի հարմար նյութ չի գտնելով գլխուս մեջ:

— Փառք աստուծո, լավ են,— պատասխանեց Կատյան: Երկուսս էլ լավ հասկանում էինք, որ ոչ ես այն եմ հարցնում, ինչ որ ուզում եմ, և ոչ նա տալիս է ինձ այն պատասխանը, ինչ որ ինձ կարող է բավականացնել: Եվ այս աննշանակ

---

[77] Անդուստ (հին.) – այնտեղից, սկզբից ի վեր, այն գլխից:
[78] Ի վերուստ - վերևից, երկնքից, Աստծուց, բնությունից, ի բնե:
[79] Աուլ - գյուղ (Միջին Ասիայում և կովկասյան լեռնականների մոտ):

հարց ու պատասխանից ետ երկուսս էլ բավական ժամանակ լուռ մնացինք, երկուսիս լեզուների վրա ևս կար մեկ խոսք, որն ասելու քաշվում էինք: Վերջապես ես խզեցի այս տաղտկալի լռությունը:

— Ասա, խնդրեմ, ինձ ճշմարիտը, Կատյա, Սոֆիան ինձ սիրո՞ւմ է, թե ոչ: Տաք ջուր գալիս դեսը ես նորա մեջ մեծ փոփոխություն եմ տեսնում դեպի ինձ, ի՞նչ է պատահել նորան...

— Պարոն Վարդան, որովհետև դուք ինձանից ճշմարիտն եք ուզում իմանալ, ես ինձ համար մեղք կհամարեմ, եթե ձեզ մոլորեցնեմ Սոֆիայի մասին:

Սոֆիան ձեզ ոչ Մոսկովումն է սիրել և ո՛չ այժմ այստեղ սիրում է, ինչպես որ նորա հայրն ու մայրն են միշտ ասում՝ նա էլ այնպես է կարծում, որ նորան արժանի փեսաներ չիկան հայերի մեջ: Նա ուզում է մի ջահիլ գեներալի կամ գուբեռնատորի կնիկ լինել, այդպիսի մարդ չունքի հայերի մեջ չիկա, Սոֆիան էլ կամա-ակամա օտարազգիի պետք ա գնա: Սոֆիան, իր հոր նման, հայերին իսկի չի սիրում, միշտ ծիծաղում է նոցա վրա: Շատ դժար էր ինձ ձեզ այս բանը հայտնելը, բայց չունքի դուք կամեցաք ճշմարիտը իմանալու, ես էլ ձեզ ինչ որ ճշմարիտ բան գիտեի՝ ամենը ասացի:

— Մի՞թե,— ասացի հուսահատաբար և գլուխս կրծքիս վրա խոնարհեցի և արտասուքը ոլոռ-ոլոռ կաթում էր աչքերես:

— Պարոն Վարդան, ինչի՞ եք տրտում, ինչի՞ եք լալիս, մի՞թե Սոֆիան կարժե ձեր արտասուքին, մոռացե՛ք նորան. աստուծո փառք տվեցեք, որ ձեր պսակի բանը գլուխ չեկավ. Սոֆիան մի օր ձեզ անպատճառ քանբախտ կաներ..

— Ա՛խ, Կատյա, Կատյա, մի՞թե սորանից էլ մեծ անբախտություն կա աշխարհիս երեսին...

— Կա, պարոն Վարդան, կա. դորանից էլ մեծ անբախտություն կա. բայց աստված ուզում է ձեզ ազատել նորանից, և այդ անբախտությունն է՝ Սոֆիայի նման աղջկա մարդը լինելը: Հավատացե՛ք ինձ, պ. Վարդան, որ Սոֆիան ամուսնական կյանքի համար ստեղծած չէ. նորա խելքը միտքը Փարիզներ, Վեննաներ, պարահանդեսներ, դիմակահանդեսներ, զարդեր և սիրուն զինվորականներ են. ի՞նչ սազ կգա համեստ հայ երիտասարդին այդպիսի կնիկը:

Այն րոպեին ես կարծում էի թե՝ Կատյային այսքան չարախոսություն, այսքան բամբասանք թելադրողը նորա նախանձն է դեպի հարուստ Սոֆիան և, զուցե, մի փոքր պատվասիրական ձգտումն դեպի ինձ. բայց թե որպիսի անարդար կարծիք էր այդ խեղճ ու անմեղ աղջկա մասին՝ այդ ես հետո իմացա: Իսկ այն րոպեին ես լուռ մնացի, միայն երեսիս ծռմռելով հասկացուցի նորան, որ այդպիսի խոսքերը Սոֆիայի մասին ինձ շատ անախորժ են:

Կատյայի երեսը մռայլուղով պատեցավ. հազիվ նշմարելի արտասուք ցոլաց նորա աչքերի մեջ. իմ պատասխանը, ինչպես երևում էր, խորունկ խոցեց նորա սիրտը: Դառնալով ինձ, ասաց նա.

— Պարոն Վարդան, շատ կարելի է դուք կկարծեք, որ ես ատում եմ Սոֆիային, կամ՝ նախանձում եմ նորան կամ մեկ չարաթյուն եմ կամենամ, աստված մի արասցե, բայց ես մեղքանում եմ ձեզ, որ մինչև այժմ հասկացած չեք նորան: Ես Սոֆիային փոքր ժամանակից ճանաչում եմ, դեռևս այն ժամանակ, երբ նորա հայրը այժմվա պես հարուստ չէր, իսկ իմ հանգուցյալ հայրը Հաշտարխանի մեջ առաջին մարդն էր. զուբեռնատորը ու սրբազան առաջնորդը ամեն կիրակի մեր տանը ճաշի էին լինում. Սոֆիան փոքր ժամանակից չունքի հոր ու մոր մեկ հատ աչքի լույսի պես զավակն էր՝ շատ երես էր առած, ամեն բան ուզում էր, որ իրա կամքով լինի, հենց որ մեկ թարս բան ասեիր՝ իսկույն ի՜նչ ձեռը հասավ՝ կոտրում, փշրում, զետնե գետին էր տալիս, գլխի մազերը պոկում էր, գլուխը պատին էր տալիս ու ձեռքերն էր կծոտում: Այսպես իրա ասածի աղջիկ էր: Հերն ու մերը ասում էին՝ թե կմեծանա՝ կխելոքանա ու իսկի չէին աշխատում դրստելու: Մեծացավ, ամա տեսա՞ր որ բնությունը չի փոխվեցավ: Հիմի արդեն նորա դրստելը անկարելի է և կամ՝ շատ աշխատություն և շատ ժամանակ է պետք դորա համար: «Էլ ո՞ւր հեռու գնանք, երեկ միասին էինք ման գալի բուլվարումը. մին էլ բիրդան մեր ղարշու [80] էկավ էն Դոոզդով օֆիցերը ու էրկուսիս չեստ տվավ: Սոֆիան փոխանակ գլուխ տալու ու մոտից անձեն անցնելու, ի՞նչ անի լավ ա՝ սկսավ հետը խոսելու, խոսան, խոսան, ման եկան ման եկան ու, վերջապես առանց հոր ու մոր հրամանին՝ տուն ձեն տվավ իրիկնաչայի: Դոոզդովի գորա ինչ. նա տղամարդ ա, ամոթ, պատիվ, խալխի բամբասանք նրա համար ոչինչ բան ա: Եկավ տուն, բարեկամացավ Ասատուր աղայի ու Օվսաննա խանումի հետ. խելի վախտ [81] նստավ ու գիշերի շատ ուշ ժամանակ գնաց տան: Խոսածներն էլ ի՞նչ, ամենը դատարկ, հայվարա բաներ էին՝ Փարիզի քեֆերի, բեաբուր կնանիքի վրա: Մեր Սոֆիան էլ ամաչելու, կարմրելու տեղ, բերանը բացած՝ ծիծաղում էր: Ապա հիմի ինքդ ասա՝ ի՞նչպես չի բարկանամ ախըր նրա վրա. մատաղ ջան, էսպիսով հայ քրիստոնյայի անըմը կոտրվըմ ա ախըր օխտըն օտարի աչքըմը: Այս բոլոր մենախոսությունը հաշտարխանցի հայ կնոջ արազախոսությամբ, շունչ չառած, նկատեց դժկամած Կատյան: Այդ րոպեին շատ գեղեցիկ էր նա, հայ կնոջ բնական խելքը, պարկեշտությունը և արդարամտությունը փայլում էին նորա դեմքին:

Նա լռեց. ես ոչինչ պատասխան չի տվի:

Տեղերես ելանք ու Եղիսաբեթյան սրահի միջովն գնացինք դեպի ճեմելիք: Ժամը երկուսի մոտ էր. ճաշելու ժամանակն էր. ճեմելիքի մեջ գրեթե մարդ չէր մնացել, ամենք իրանց տներն էին քաշվել: Ես ճանապարհ ձգեցի Կատյային մինչև Ասատուր աղայի տան մուտքը: Ներս չի մտած, Կատյան ինձ հարցուց.

— Այս իրիկուն կգա՞ք աղայի մոտ:

---

[80] Ղարշու – դեմ դիմաց:

[81] Խելի վախտ – շատ ժամանակ. խելի, խելաք (գվռ.)- բավականաչափ, բավականին շատ. վախտ (պրսկ.) – ժամանակ:

— Կարծեմ որ չեմ գալ, ասացի:

— Ես ու իմ հոգին՝ շատ էլ լավ կանեք, ինչո՞ւ է ի զուր ձեր ստորանալը մի թեթևամիտ աղջկա և մի անհոգի ծերունիի առջև:

Բայց ես խոսքս չի բռնեցի, ու չարաչար պատժվեցա:

Երեկոյան ուղիղ յոթը ժամին գնացի: Ասատուր աղան քանի մի ռուս բարձրաստիճան պաշտոնատարների հետ պատշգամբի վրա նստած թեյ էր խմում, իսկ Սոֆիան Դոոզդովի հետ մի փոքրիկ բազմոցի վրա նստած շատ կամաց խոսում էր. Դոոզդովի աչքերը արյուն էին կոխած: Սոֆիան շառագնած, աչքերը խոնարհած՝ ուշադրությամբ լսում էր նրա խոսածը: Ի՛նչ էին խոսում նոքա՝ ոչ լսեցի և ոչ իմացա, բայց հավաստի գիտեմ, որ նոցա ամեն մի խոսքը դաշույնի մահաբեր հարված պիտի լիներ ինձ համար: Ժամ ու կես մնացի Ասատուր աղայի տանը, անոնցմե ոչ ոք մի խոսք չասաց ինձ, ոչ ոք բարևս չընդունեց, ոչ ոք ինձ ձեռք չպարզեց, մինչև անգամ երկբայնլի է, որ իմ ներկայությունը նկատած լինեին: Չայը քթիս տակից անցնելով՝ տալիս էին հյուրերին, իսկ ինձ ոչ առաջարկեցին և ոչ հարցրին՝ կկամենա՞մ, թե ոչ: Առի գդակս, և խոր խոցված գնացի տուն: Շատ փոշմանեցա, որ Կատյայի խոսքին ականջ չի դրի:

Հունիսի 30.

Չորս ամբողջ օր վրա-վրա տանս փակված մնացի: Ոչ ոք ինձ չայցելեց՝ ո՛չ բարեկամներ և ո՛չ հիվանդներ, թեև, ըստ օրինակի ուրիշ բժիշկներուն, տեղական լրագրի մեջ հայտարարել էի, որ «պատիվ կունենամ հիվանդներ բժշկելու»:

Քաղաք հասած օրես ի վեր դեռևս ոչ մի հիվանդ դիմած չէ իմ օգնությանը, բացի Կատյայեն, որն թերևս մենակ հավատում է իմ բժշկական հմտությանը: Ո՞վ է հարցնողը, թե այսպիսի ետ ընկած փողոցի մեջ մի նորավարտ հայ բժիշկ կա Վարդան Հուսկանյան անունով կամ չիկա, մինչ Բառթեր, Վիցեր, Սմիռնովներ, Միլյուտիններ, Խալեցկիներ արեգակի նման փայլում են ահա քանի տասնյակ տարիներ։

Այստեղ ևս ավելի մեղադրում եմ հայ բժիշկներին, քան թե ժողովրդին։ Ըստ մեծի մասին բժիշկները և հայ բժիշկը մանավանդ՝ իրանց գործի վրա ինչպես հարստացնող արվեստի վրա են նայում։ Երբ որ մեկ մարդու նպատակ հարստանալ է՝ արդեն հնարներու ազնվությունը և անազնվությունը նորա աչքեն փախչում են։ Երեք պաշտոն կա, որ փողի սերը մարդուս համար դառնում է աններելի մոլություն, դորա են պաշտոնները քահանայի, մանկավարժի և բժշկի։ Ես չեմ ասում, որ այս երեքին փող և ապրուստ պետք չեն. ամենևին ոչ. բայց եթե սոցա աչքում փողը առաջին կարգումն լինի, նոցա գարշելի կդարձնե մարդոց աչքում։ Ամենքս ներողամիտ աչքով նայում ենք արծաթասեր վաճառականի վրա, եթե մեկ զինվորական սիրե ճոխ և զեխ ապրուստ՝ մենք ամենևին նյութ չենք դարձնում մեր խոսակցությանը նորա այդ թուլությունը, բայց եթե մեկ քահանա, կամ մեկ մանկավարժ, կամ մեկ բժիշկ սիրե ճոխ ուտել-խմել, շռայլ ապրել, պերճ հագնվել ու զարդարվել՝ մենք արդեն մեր մտքի մեջ նոցա կարգազուրկ և պաշտոնանկ ենք համարում, չենք հավատում նոցա օգտաբերությանը, և չենք գնահատում նոցա հմտությանը իրանց արվեստի մեջ։ Ինչո՞ւ։ Այդ ամենին էլ հասկանալի է, ամենք էլ գիտեն։ Թե՛ քահանան, թե՛ բժիշկը և թե՛ մանկավարժը պաշտոն մտած օրից պիտի շարունակ սովորի և կատարելագործվի. դրա համար ժամանակ է պետք, իսկ եթե նոքա անձնատուր լինին փող ճարելու և ճոխ ապրուստ վայելելու՝ նոցա թանկագին ժամանակը իրանց ընտրած արվեստի համար անպտուղ կկորչի, և նոքա ո՛չ միայն չեն կատարելագործվիր ոչ միայն իրենց ստացած գիտությունը կպահպանեն, այլ օրեօր կմոռանան այն և կտգիտանան։ Երկրորդ պատճառ ևս կա, որ ժողովուրդը չի ներում այդ երեք պաշտոնին նվիրված մարդոց արծաթասիրություն և զեխություն: Քահանան, մանկավարժը և բժիշկը ոչ միայն խոսքով պարտավոր են խրատելու ժողովրդին, այլև իրենց անձնական համեստ կյանքով լինել նորան օրինակ, որն ավելի կհամոզի, քան թե ամենաճարտար լեզուն:

Մեծագույն մասը հայ բժիշկներին սովորություն ունի, հենց որ թողեց համալսարանական նստարանը, իսկույն հետամուտ լինել, որ յուր ապրուստը ապահովացնե: Ընթերցանություն, պարապմունք, ուսումնական փորձեր, կատարելագործություն, հետախուզություն՝ բոլորը ցնդում են նորա մտքեն, նորա բոլոր իմաստությունը սահմանափակվում է այն կիսակատար գիտությամբ, որ նա յուր պատանեկության օրերը օրամեջ քաղել էր պրոֆեսորների դասախոսություններեն և տարվա վերջին ամիս ու կես վայնաչարին քաղվածք էր արել յուր ճզմզած տետրակներովը: Թեև ամեն ազգի մեջ կան այսպիսի թերուս բժիշկներ, բայց միևնույն ժամանակ ամեն ազգ ունի հմուտ, կատարելագործած, առաջնակարգ բժշկապետեր, տարաբախտաբար հայ ազգը շատ ունի առաջիններեն և գրեթե ոչ մինը երկրորդեն:

Այս է պատճառը, որ հայ հիվանդը սակավ հավատ է ընծայում բժշկին: Եթե նորա տկարությունը փոքր ի շատե ծանր է՝ նա երբեք չի դիմիլ հայ բժշկին, այլ միշտ կհրավիրե օտարազգիին, հենց այն պատճառով, որ հային առանց այլնայլության վատ է ճանաչում, իսկ օտարազգիին՝ ոչ: Ո՞վ է մեղավորը: Իհարկե, շատ օգնում է մեր ազգակործան մոլորությունը, որ է օտարասիրություն, որով վարակած է գրեթե ամեն հայի՝ մեծից բռնած մինչև փոքրը: Ազգատեր, հայասեր խոսքը, որ մեր օրերում սաստիկ տարածված է մեր մեջ, հայի բերանումը նույն ծիծաղաշարժ նշանակությունը ունի, ինչ որ հարյուր հազարը կամ միլիոնը մի մուրացիկ աղքատի բերանումն: Մեր ազգի ո՛ր մեկ պակասությանը վրա խոսիմ, երբ որ մենք ծայր ի ծայր պակասություններով լցված ենք: Անմխիթա՛ր վիճակ:

Երեկոյան դեմ, ժամը այսպես վեցին, գնացի Ճեմելիք, սպաները մեծ խումբ կազմած՝ ծիծաղելով դեպի վեր էին նայում ու անպարկեշտ կատակներ էին անում իրանց մեջ նոցա մասին, որոնց վրա նայում էին, իսկ նայում էին նոքա Դռոզդովի և Սոֆիայի վրա, որոնք կուռ-կռի տված՝ գնում էին դեպի վերի Ճեմելիքները:

— Ա՜յ կտրիճ,— ասում էր սպաներեն մինը,— որքան և անպիտան է, որքան և անամոթ է, բայց կարողացավ խո ճանկը ձգելու այդ թռչունին...

— Օ՜, Դռոզդովը մեծ ոմն է փոքր գործերումը,— պատասխանեց մյուսը,— բայց մեկ հին և խելոք առած կա, որ ասում է. «Դու ասա՛ ինձ ո՛վ է բարեկամդ, ես էլ քեզ կասեմ դու ինքդ ո՛վ ես»: Դռոզդովին ճանաչելով՝ մենք պետք է երևակայենք, թե նորա ձեռք ձգած աղջիկը ի՛նչ պտուղ է...

— Չէ՛, պարոններ, ի՞նչ կուզեք ասել, բայց աղջիկը բավական սիրուն է, հորը համար էլ ասում են, թե շատ հարուստ մարդ է:

— Ո՛րքան կուզե հարուստ լինի, բայց Դռոզդովին Փարիզի մեջ մեկ տարի մնալու փող չի ունենալու, վասնզի նա յուր հորից մնացած միլիոնը և հորաքույրից մնացած հարյուր հազարները երկու տարվա մեջ այնպես փճացուց, որ գրեթե մերկ ետ եկավ:

— Մի՞թե աղջկա ժլատ հայրը յուր բոլոր ունեցածը կառնի կուտա նորան, չէ՛, Դռոզդովը թո՛ղ յուր ախորժակը պահե մինչև նորա մահը...

— Եթե չի տալ՝ Դռոզդովը կգողանա, դրամարկղ կոտրել բանալ, սուտ մուրհակ տալ, թղթախաղի մեջ հազար տեսակ խարդախություններ անելը նորա համար նոր բան չէ: Ավելի չկարողացա համբերելու, թողի ու գնացի առաջ, բայց Սոֆիային ևս հանդիպել չէի ուզում, ուստի մեծ, լայն ճանապարհը թողած՝ կողմնակի նեղ ճանապարհներով խորացա ծառաստանկի մեջ, որ սարի լանջի վրա էր զետեղված: Այստեղ ծառերը, թփերը ու մարդաչափ խոտերը այնքան խիտ էին, որ չորս քայլափոխ հեռի կեցողին անհնար էր տեսնելը: Հանկարծ ականջիս շշուկի ձայն եկավ, ուշքս դրի, տեսնեմ Սոֆիայի ձայնն է, բայց շատ կամաց արտասանած.

— Պարո՛ն Դոոզդով, ի՞նչ եք անում, թողե՛ք, մարդ կտեսնե, ամոթ է:

— Չէ՛, հոգիս, ոչ ոք չի տեսնի, մի՞թե ինձ չես սիրում, էլի մեկ համբույր տո՛ւր, այն ժամանակ ես կիմանամ, որ դու ինձ սիրում ես:

Ու լսվեցավ մի բարձրաձայն համբույր շրխկոց:

— Բավական չէ՞ր, էլի՞ ես չարություն անում, թող, թե չէ, կկանչեմ...

Ես դիտմամբ ամուր հազացի, որ ձայնս լսվի ու այս խայտառակ տեսարանին վերջ լինի: Այնպես էլ եղավ: Երբ որ ձայնս լսեցին՝ իսկույն թփերի միջից ճանապարհի վրա գնացին, և ես զուցե ազատեցի Սոֆիային այնպիսի անկումե, ուր կինը կյանքի մեջ գլորվում է մի անգամ ու էլ ոտքի կանգնել չէ կարող: Բայց ի՞նչ օգուտ. Դոոզդովը որ կար՝ երևելի չար որոմն [82] էր, իսկ Սոֆիան նորա համար ամեն րոպե պատրաստ պարարտ հող:

Երբ որ ստորին ճեմելիքը եկա՝ սպաների խումբը աղաղակ, աղմուկ բարձրացացած շրջապատել էին Դոոզդովին, իսկ հեռվումը Սոֆիան նորան էր սպասում, երեսը հակառակ կողմը դարձացած: Սպաներից մինը ասաց.

— Դոոզդո՛վ, պիտի շնորհավորենք քու օրինավոր պսակը, — ու ծիծաղեցավ, հետև էլ ծիծաղեցան մյուս սպաները:

— Օրինավոր պսակի համար դեռևս ոչինչ ասել չեմ կարող,— պատասխանեց Դոոզդովը,— բայց քաղաքական պսակս պատիվ կունենաք շնորհավորելու:

Սպաները ավելի պինդ ծիծաղեցան, ու մի քանիսը մինչև անգամ աղաղակեցին. «Կեցցե՛ Թամբովի մատակախանձը[83], կեցցե՛ ասիացի զամբիկը»:

---

[82] Որոմ – մոլախոտ, փխբ. հասարակության համար վնասակար մարդ:
[83] Մատակախանձ – մատակի ձգտող. այստեղ՝ կնամոլ:

Էլ մի՛ հարցնեք, ի՛նչ կրակի մեջ էր իմ հոգին: Լավ է որ այս խոսքերը չհասան Սոֆիայի ականջը:

Բայց այս օրվա «ավուրն չարը» այս ամոթալի միջադեպով չի պիտի վերջանար: Մի գաղտնի, անմեկնելի զորություն ինձ քաշում էր դեպի Ասատուր աղայի տունը, ուր թեև գիտեի, որ բացի անախորժութենե ուրիշ բան հանդիպելու չեմ, այսուամենայնիվ, ուղիղ գնացի այնտեղ:

Այս անգամ Ասատուր աղան մենակ էր իր գրասենյակի մեջ: Մոտեցա նորան. ձեռքս պարզեցի, բայց նա չգիտեմ, չտեսա՞վ թե չուզեց ինձ ձեռք տալու, միայն թե իմ խոնարհ ողջունիս ունքի թեթև շարժումներովը պատասխանեց:

Լուռ մունջ նստա մի հեռավոր աթոռի վրա:

Ես տարօրինակ ստեղծված եմ. երբ որ մարդիկ իմ սիրտը ցավեցնեն, սաստիկ վիրավորեն՝ բարկանալու տեղ, առ առավել ևս կկակուղանամ, կընկճվիմ, կոչնչանամ, մինչև անգամ՝ ինքս պատրաստ եմ՝ նորանից ներողություն խնդրելու. ուրիշ բան է, եթե իմ առջև թշնամանեն մի բարեկամիս, կամ մեկ անմեղ և մանավանդ մի տկար մարդու, այն ժամանակ ես կկատաղեմ, իմ բարկությունը չափ և սահման չի ունենալ, չգիտեմ ո՛րտեղից վրաս քաջություն կուգա և իմ վրեժը սոսկալի է, որքան որ զենք ունիմ՝ բոլորը հանդես կհանեմ: Ի՞նչու է այդպես, ի՞նչ է սորա պատճառը:— Սորա պատճառը այն է, որ իմ մանկութենե ինձ սովորեցրած չեն իմ ծնողքը աղոթքի և հնազանդության հետ միասին նաև իմ միջի մարդկային արժանավորությունը ճանաչելու և պաշտպանելու. իսկ վերջերումը իմ ստացած լուսավորությունը տվել է ինձ քաղաքացիի առաքինություններ, որոնց թվին է նաև պաշտպանել անմեղին և տկարին:

Իմ տեղ մի անգլիացի կամ մի ամերիկացի լիներ, հազար անգամ թքած կլիներ Ասատուր աղայի ու Սոֆիայի երեսներին և Դոոզդովի թշերը ապտակներով կուռեցներ. բայց ընդ նմին և ըստ արժանվույն կպատվեր և կգնահատեր Կատյային, և ոչ թե ինձ նման օրը տասն անգամ փոքրոգությամբ նորա սիրտը կկոտրեր: Ծեծող ձեռքը շան նման լիզելը ո՛չ թե խոնարհություն, այլ ամենազարշելի ցածություն և ամենանուրբ կեղծավորություն է: Տե՛ր աստված, տե՛ր աստված, եթե մեր հայկական բարոյականությունը լավ զննես՝ որքան առաքինություններ մոլությունք պիտի ճանաչվին: Այս խորհրդածությունները արի իմ մեջ քանի որ Աստուր աղան լուռ կեցած էր ու տեր ողորմյան համրում էր: Վերջապես գլուխը բարձրացուց ու ասաց ինձ.

— Խաբա՞ր ես, ախըր մենք Սոֆիային պետք ա նշանենք. ուզող կա:

— Հա՞, բարի սահաթի լինի: Կարո՞ղ եմ իմանալ՝ որի հետ,— ասացի:

— Էստեղ մեկ հարուստ պամեշչիկի տղա կա, չգիտեմ մայո՞ր է, թե պոդպոլկովնիկ. մալխաս ջահիլ, սիրուն, բոյով-բուսով տղա ա, շատ հավանել ա մեր Սոֆիային: Հերը, ասըմ են, երկու երեք միլիոն ունի, տոտինկեն՝ էլ ա էտքան յա մե զատ պակաս, դայրաղ քանի-քանի հազար դեսյատին հողից, լեսից ու Մոսկովի ու Պետերբուրգի եքա-եքա տներից: Մեկի խոսքով՝ շատ խոջա տղա յա, թագավորի էլ, ասըմ են, աչքի լուսն ա. գվարդիումն դուլլուղ ա անըմ: Ի՞նչ ա, լավ ա՞:

— Ինչո՛ւ չէ, շատ լավ է,— պատասխանեցի ես:

— Էղ ա դա՛, դու ապա ի՞նչ էիր թահմին անըմ[84]. բաս Սոֆիկես չիտայի մեկ պարտքի մեջ խեղդված դուքանդարի[85], յա մեկ անփոխան հայ չինովնիկի, էնի չե՞ն առնիլ,– ասաց, մատերին մի օտարոտի ձև տալով:

Ես ծիծաղեցա՝ ո՛չ նորա խոսքերի, այլ իրա՝ Աստուր աղայի վրա. բայց նա իմ ծիծաղի իսկական միտքը չհասկանալով՝ նս առավել ոգևորվեցավ:

— Դու ի՞նչ ես կարծըմ, ես ի՞նչ մարդ եմ, ի՞նչ մարդու զավակ եմ: Հորս վրա բան լսած չե՞ս, լսած չե՞ս Մկրտում

[84] Թահմին անել – կասկածել:

[85] Դուքանդար (պարս.) – խանութպան:

աղայի անունը: Իմ հերս էնպես մարդ էր, որ սաղ Հաշտարխան նրա առաջ ձեռքերը խաչ կապած կայնըմ էր: Նրա նավերը ղըզըլբաշի տեղից դեպի մեր կողմերը ապրանք էին բերըմ, էստեղից էլ էնտեղ ռուսի ապրանք էին տանըմ: Մեկ օր խաբար բերան քի՝ էրկու նավըդ բաթմիշ ա իլել[86]՛ ծովի վրա: Հերս իսկույն հրամայել ա տասը ոչխար տանեն ժամին դուռը մատաղ բաժանելու խալխին: Հարցրել են թե՝ էդ ինչ աչքալուսանքի համար ա մատաղդ, նա ասել ա քի՝ շատ ուրախ եմ որ էրկու նավս ա բաթմիշ իլել և ո՛չ թե տասներկուսը, էլի շահս մեծ ա: Էսպես դոչաղ մարդ ա իլել ողորմած հոգին: Մեկ օր էլ եներալներ, պոլկովնիկներ, մայորներ, չգիտեմ, ո՛ր թագավորի կենացը շամպանսկի խմում են իլել. էդ միջոցին էլ հերս կառեթով անց ա կանում իլել էն տան շարշվից[87], ուր էդ մեծավորները քեֆ են անում իլել: Գուբեռնատորը որ փանջարից տեսնըմ ա հորս՝ ձեն ա տալիս թե՝ «Նիկիտ Ամբակումիչ, Նիկիտ Ամբակումիչ, արի էստե՛ղ, թագավորի կենացը մի բաքալ շամպանսկի անուշ արա՛»: Հերս էլ կառեթիցն պատասխան ա տալիս. «Ես չեմ գալ ձեզ մոտ. լավն էն ա՝ դուք կամպանիով էկեք իմ տուն, սամավար տինիլ կտամ, լավ բաքաթի կնստինք ու թագավորի կենացը տաք-տաք չայ անուշ կանենք»: Մեր գուբեռնատորը կատղըմ ա. «Ո՞նց թե թագավորի կենացը չայ կխմես, դու ի՞նչպես համարձակար էդպես օրենքի հակառակ խոսք բաց թողնելու բերանիցդ, չգիտե՞ս որ թագավորի կենացը մենակ կարելի ա շամպանսկի խմել, ես հիմա քեզ փողսուղ կտամ, վրեդ դատաստան կբանամ ու տնով-տեղով Սիբիր կուղարկեմ»: Հերս բան չի ասըմ. գընըմ ա տուն: Գուբեռնատորը ինչքան որ բազմություն կա մոտը, ամենին առնըմ ա, դափ ու դուզ գալիս ա նրա ետնից, ուզում ա մարդուն մեղալամ կորցնի: Հերս որ իմանըմ ա, թե գուբեռնատորը եկել ա իրա տուն՝ իսկույն հրամայում ա

[86] Բաթմիշ լինել – այստեղ՝ խորտակվել:
[87] Շարշվից – այստեղ՝ մոտից:

ներս բերեյ արծաթի սամավարը ու սանդուկներից հանըմ ա պաչկա-պաչկա ասիգնացիաները[88], քըցըմ ա մեջը ու վառըմ ա. ու եքա սամավարը խշխշցընըմ ա մենակ ասիգնացիաներով: Գաբեռնատորը ու հետի մեծամաս մարդիկ էսի որ տեսնըմ են, պելված[89]՝ էնպես են զարմանըմ: Մկրտում աղեն, իմ հանգուցյալ հերը, ասըմ ա էն վախտ. «Հիմա տեսեցի՛ք, պարոններ, որ իմ մեկ թաս չայը մեր ողորմած թագավորի համար ավելի թանկագին պատվավոր ա, քան թե ձեր բութիլը հինգ ռուբլանոց շամպանսկին: Էն ժամանակ գուբեռնատորը ու հետի մեծամարդիկը տեսնըմ են, որ դորդ ա իլել մարդու ասածը քի՛. «Իմ չայը ավելի պատիվ կըբերի մեր թագավորին, քան թե ձեր շամպանսկին», ինչու որ նոցա խմած մեկ-երկու ստաքան չայի համար նա էրել ա երկու-հարյուր հազար մանեթից ավելի:

— Հիմի տեսեցի՞ր, պարոն բժիշկ, թե Սոֆիաս ինչ երեվելի օջախիցն ա: Հիմի դու ու քու հոգին՝ ախր մարդ ի՞նչպես ղըմըշի էսպես ազիզ մեծացրած աղջկանը առնի ու մեկ հասարակ հայի կնիկ անի:

Ես տեսա որ Աստուր աղայի հետ վիճելը բոլորովին ավելորդ է, անհնար էր նորան սովորեցնել, թե ո՛ր գործը ազնիվ է և ո՛րը ոչ, ի՛նչ բան մարդուս բարձրացնում է և ի՛նչ բան ցածրացնում, մեր կարծիքը իրար այնքան հակառակ էին, որքան որ կրակը ու ջուրը:

— Շատ լավ,— ասացի,— բայց, Աստուր աղա, դուք հավատի՞ք զիտե՞ք, որ Դոոզդովը հարուստ կալվածատեր հայր ունի, հավատի՞ եք, որ նորա հայրն ու հորաքույրը կենդանի են և այդքան մեծ հարստություն մի օր նա պետք է ժառանգե. արդյոք այդ ամենը սուտ, հնարած պատմություններ չե՞ն:

---

[88] Ասիգնացիա (պատմ.) - թղթադրամ, որ գործածվում էր ցարական Ռուսաս տանում մինչև 1843 թ.:

[89] Պելանալ (գվռ.) - գժվել, խենթանալ, կատաղել, մոլեգնել, ապշել, ապուշ կտրել, շշմել՝ հիացմունքից զարմանքից:

— Ի՜նչ ես ասըմ, ի՜նչ ես հայվարա-հայվարա խոսըմ, ի՜նչ ես լոբի կերած դուս տալիս, թե որ ես մեկ բան եմ ասըմ, լա՛վ իմացած իլիր, որ նախախ չեմ ասիլ: Նախանձը՞մ ես, ի՞նչ, էն օֆիցերին, թե՞ կամենըմ ես որ միլիոնչիք մեծավոր տղին թողնեմ ու աղջկաս քեզ տամ, որ դու էլ էն խեղճ երեխին տանեիր Հայաստանից գումաններըր[90], կարմիր թմբան հագցնեիր ու նրա օր-արևը սևացնեիր լվոտ ու օջլոտ հավաբուների մեջ: Զարմանըմ մընըմ եմ էս հայի փուճ խասիաթի վրա, մեկ բան թե իրանց ասածի պես չիլավ, թեկուզ ջուր գա աշխարիք տանի՝ նրանց համար մեկ բան ա: Պարոն Վարդան, ամո՛թ ա, ամո՛թ, թո՛ղ հայի էդ փչանալու աղաթը, մարդու չկամություն մի՛ անիլ, փիս բան ա: Ես հազար անգամ ասել եմ ու էլի կասեմ, իմ Սոֆինկայի նասիբ[91] ջահել տղա չկա հայերի մեջ. աղա Լազարովանց մեջ խո տղերք իսկի չկան, նրանցից ցած մարդու տալ չեմ ղըմըշըմ. ճարը կտրած ռուսների գըման[92] պետք աչքս շուռ տամ՝ ի՞նչ ես ասըմ:

— Ասատուր աղա, ինչի՞ ես բարկանում, ես քեզ դորա հակառակ ի՞նչ եմ ասել որ, ո՞վ կարող է քու ձեռքից հայրական իրավունքդ եղելու, միայն թե...

— Ի՞նչ միայն թե, ինչ միայն թե,— ասաց ինձ տնազ տալով,— էդ միայն թե՛ ովդ ի՞նչ ես ուզըմ ինձ հասկացնել: Վլադիմիր Դոոզդովը գնաց-եկավ՝ քեզանի՞ց էլ պակաս մարդ իլավ, զըռ՛ւխդ մեռնի ոչ...

Էլի ուզում էր այս տեսակ անախորժ խոսքեր ասելու, հանկարծ, թուրը ու կոշիկների խթանները շխկշխկացնելով ներս մտավ Դոոզդովը, շնորհալի ձևով բարևեց Ասատուր աղային, ձեռքը սեղմեց ու մոտը նստավ, և սկսավ սուտ-ըորդ Պետերբուրգի ավագորյայի և կայսերական դրան բաները պատմելու, ոչ ինձ բարևեց և ոչ ձեռք տվավ, և

[90] Գուման – անհայտ, կորած մոլորած տեղ:

[91] Նասիբ – բաժին, բախտ:

[92] Գըման – այստեղ՝ դեպի, կողմը:

Ասատուր աղան մինչև անգամ ավելորդ համարեց մեզ իրար հետ ծանոթացնելու, ինչպես որ այդ սովորություն է ամեն բարեկիրթ ընկերության մեջ: Նոր էր ներս մտել Դոոզդովը, մին էլ տեսնես, հակառակ դռնից, երեսը կարմրած, դեմքը այլայլված, արեգակի նման աչքերը ցոլալով ներս մտավ Սոֆիան ու այնպես մտերմաբար բարևեց նորան, ասես թե նոքա չորս-հինգ տարուց այր ու կին լինեին: Ասատուր աղան էլ, հայր Աբրահամի դերը վրան առած՝ ներողամիտ աչքով ու անդորր ոգով նայում էր Սահակի ու Ռեբեկայի վրա:

Անձնապատվությունը, ազնիվ հպարտությունը պահանջում էին, որ ես թքեի ու դուրս գայի այս գարշելի որջեն, բայց, ավաղ, պատիվը ու հպարտությունը վաղուց թմրել էին մեջս: Ես զարմանում ես, թե մինչև ո՛ր աստիճան մարդս կարող է ինքն իրեն մոռանալ և ստորանալ: Հաստատուն կամք բոլորովին մնացած չէր մեջս, այնպես կարծում եմ, որ եթե այդ րոպեին Դոոզդովը գար թքեր երեսիս կամ ապտակեր՝ ես լուռ կմնայի ու համբերությամբ կտանեի, միայն թե ինձ չի զրկեր Սոֆիայի երեստեսութենեն: Ի՞նչ զգացմունք էր սա սե՞ր էր: Չեմ կարծում: Խելագարության նման մի ցավ չէ՞ր արդյոք: Վերջին ենթադրությունս շատ հավանական է. վասնզի բժշկական գիտությունը ամենևին չի մերժում այսպիսի ժամանակավոր, րոպեական խելագարություն, մանավանդ բնությամբ թույլ և սիրտը փափուկ մարդոց:

Հանկարծ Դոոզդովը գդակի միջից մի փոքրիկ կապոց հանեց, եղալի աչքերով մոտեցավ Սոֆիային ու ասաց.

— Օրիորդ, խնդրեմ ընդունեցե՛ք ինձանից այս փոքրիկ ընծան:

Սոֆիան ուրախ-ուրախ առավ կապոցը, դեմքի վրա անպատմելի ուրախություն ցույց տալով, միջից դուրս հանեց մի փոքրիկ տուփ, ուր կար բուստե զույգ օղ և մի քորոց: Ամենը միասին կարժեր վեց կամ յոթը մանեթ: Եվ նա, որի պարանքը լիքն էր կաղնի մեծության մարգարիտներով, ադամանդներով, զմրուխտներով և արիշ գոհարներով, մի նաժշտի վայելուչ ընծայի համար չգիտեր սրտի ուրախությանը ինչպես հայտներ:

— Ա՜խ, պարոն Դոզդով, ինչպես շնորհակալ եմ ձեզանից, ա՜խ, ի՜նչպես սիրուն բան է, ի՜նչպես ընտիր ճաշակ անիք դուք:

Իսկույն մոտեցավ հայելիին, շատ-շատ հանեց ականջներեն ու դեն ձգեց յուր օղերը, որոնք առսակավը երկու հազար կարժեին ու հազավ այդ նորերը, իսկ քորոցը չգիտեր կուրծքի ո՛ր կողմը ցցեր՝ վեր, թե ցած, աջ, թե ձախ, ասես թե խնայում էր ձեռքից հանելու:

— Ա՜խ, ինչ հիանալի զարդեր են, քանի՞ տվիք, որի՞ց գնեցիք, մինչև մահու դոցանից չեմ բաժանվիլ:

— Գնի համար մի՛ հարցնեք, շատ չնչին փող եմ տվել, բայց գնեցի Կավկազի կողմերից եկած մի «առմեաշկայից»:

Այս վերջին խոսքը մի այնպիսի հասարակ, սովորական բառ երևացավ Ասատուր աղային, որ ասես թե նա ծնած օրից ուրիշ անուն չէր լսել հայի ազգությանը: Բայց իմ համբերությանս սպառեցավ: Տեղիցս ելա.

— Պարոն Դոզդով,— ասացի,— դիցուք թե դուք հայերին չեք սիրում, ասում եք. դիցուք թե ինձ էլ արհամարհում եք. բայց դուք ի՞նչ իրավունք ունիք անպատվելու այն տանը, ուր դուք գտել եք հյուրասիրություն և ավելի քան թե հյուրասիրություն՝ պատիվ և սեր. ա՞յդ է ապացույցը ձեր ազնիվ ծնողաց զավակ լինելուն, որով այս պարզամիտները (մատով ցույց տվի Ասատուր աղայի և Սոֆիայի վրա) պարծենում են, ա՞յս է քաղաքավարությունը, որն սուրբ պարտավորություն է ամեն սպայի...

— Պարո՛ն,— ասաց ինձ Դոզդովը գոռոզությամբ,— դուք ինձ չեք ճանաչում, նմանապես ես էլ ձեզ չեմ ճանաչում, և ինձ նման մարդը ամեննին հարկավորության չունի ձեզ նմանների հետ ծանոթ յինելու, ուրեմն ձեր անտեղի հարցմունքը ես անպատասխան կթողամ.

— Ա՜խպեր, քո՞ զորա ինչ, էլի սկսա՛ր...— ասաց Ասատուր-աղան:

Բայց ես նորա խոսքը բանի տեղ չի դրի ու շարունակեցի ասելու Դոոզդովին.

— Եթե դուք ինձ նախատած լինեիք, ես ձեզ մարդապես կարող էի ներել, բայց որովհետև իմ ազգս նախատեցիք...

— Միտք անիք ինձ պատժելո՞ւ,— կտրեց խոսքս Դոոզդովը:

— Պարոն Վարդան, խնդրեմ ձենդ կտրի՛ր,— ասաց Ասատուր աղան, թե չէ ես...

Բայց ես դարձյալ նորա խոսքը բանի տեղ չի դրի ու՝ դառնալով Դոոզդովին, ասացի.

— Այո՛, կպատժեմ և սաստիկ կպատժեմ:

— Ձո՞րօրինակ...— ասաց նա երեսը սպրդնած և շինծու ժպիտով թաքցնելով սրտի երկյուղը:

— Մենք կմենամարտինք,— ասացի վճռողաբար, խոսքս ծանր-ծանր արտաբերելով, ասես թե բառիս ամեն մեկ վանկը տապարի սուր-սուր հարվածներ լինեին ու բուռերս սեղմած Դոոզդովի վրան վազեցի, որ մի քանի ապտակ տամ: Դոոզդովը հասկացավ միտքս ու թուրը մերկացուց, և մերկացուցած թուրը ձեռքին, քաշվեցավ Սոֆիայի ետևը՝ երեսը նորա ճոխ շինիոնի մեջ թաքցնելով: Ասատուր աղան սաթե կտուցով ծխամորճով, նա պապիրոս քաշելու սովորություն չուներ, վրաս վազեց:

— Պարոն Ասատուր,— ասացի կատաղած, եթե էլի մեկ քայլ ես արել դեպի ինձ՝ հենց կեցած տեղդ կխեղդեմ:

Սոֆիան բարկացած երեսը ինձ դարձրած և ձեռքերը բարձրացած՝ անվախ կանգնած էր առջևս ու պատրաստ էր մինչև վերջին շունչը պաշտպանելու Դոոզդովին:

— Գնա՛ կորիր մեր տնից, ցա՛ծ հոգի,— ասաց ինձ,—ի՞նչ ես ուզում մեզանից, գնա՛, գնա՛, մենք քեզ ատում ենք՝ թքում եմ քու վրա. այո՛, այո՛, ամենքդ էլ առմեաշկաներ եք, դու էլ առմեաշկա ես...

Մեկ րոպե ևս շփոթվեցա. ձեռքերս թուլացան և լեզուս պապանձվեցավ, բայց այդ շփոթս տևեց միայն մի րոպե, ճիգ արի, ուժս ժողովեցի ու...

— Օրիո՛րդ,– ասացի,– եթե այդպես է՝ ես էլ քեզ արհամարհում եմ, դու ազգուրա՛ց ես, հայության սուրբ անունը ափսոս է, որ քեզ նման ապականված կնոջ վրա լինի: Թո՛ւք, մո՛ւր և խայտառակությո՛ւն այս անիծված տան վրա: Ու հետո խոսքս դարձնելով Դոոզդովին՝ ասացի.

— Դոոզդով, դու ինձ հետ պիտի մենամարտես, և որքան շուտ՝ այնքան լավ...

— Ես չեմ մենամարտիլ ձեզ հետ,— ասաց նա ետև ու ետև քաշվելով:

— Չէ՛, կմենամարտիս, անաստո՛ւն դու,— ասացի ու վրան վազեցի:

— Չէ՛, չեմ մենամարտիլ,— ասաց նա,— այժմ սաստիկ արգելած է մենամարտությունը: Եթե ինձմեն անբավական եք, հաշտարարին հայտնեցե՛ք:

— Ես քեզ կստիպեմ մենամարտելու,— ասացի, վրան վազեցի ու ապտակ տվի, բայց տարաբախտաբար, այդ միջոցին Սոֆիան այնքան մոտիկ կանգնած էր Դոոզդովին, որ ձեռքս նորա երեսին կպավ: Շինիոնը թռավ գլխեն, Դոոզդովի ընծայած օղերեն մինը ականջե պուկ եկավ ու գլորվեցավ դեպի տան խորշը և խեղճ աղջկա երեսին էլ հինգ մատիս հետքը կարմիր գույնով տպվեցավ: Տեսնելով որ Դոոզդովը պիտի ազատվի ձեռքես, մի կողմ մղեցի Սոֆիայի ն, բռնեցի նորա մերկացուցած, բայց գուլ թո՛ւրը և երեք չաղ-չաղ ապտակներ ծեփեցի նորա թխլիկ թշերին:

— Հիմի կմենամարտի՞ս,— ասացի:

Այդ միջոցին Աստուր աղան սենյակից դուրս էր գնացել մարդիկ օգնության կանչելու, մինչև նա մարդիկ կժողովեր, մինչև կվերադառնար, ես սենյակից դուրս գնացի: Նախասենյակում կանգնած էր Կատյան՝ վերարկուս ձեռքին:

— Ղոչա՛ղ, Վարդան ջան, ջա՛ն Վարդան, օխա՛, մեկ էս ա, որ ջիգրեքս հանեցիր,— ասաց ու ուսերիս ձգեց վերարկուս:– Աղա, էն դռնից մի՛ երթալ, մարդիկ կան, կբռնեն, եկ էս գումանից դուրս գնա,– ու ցույց տվեց այն դուռը, աստի ծառաներն էին ելումուտ անում: Երբ որ հեռավոր դռնով Ասատուր աղայի բնակարանից դուրս եկա ու մտա փողոց՝ տեսա շատ մարդիկ, որ ժողովված էին նորա դռան առաջ։

Շփոթս փարատելու համար մի ղարաբաղցիե վարձեցի ձի ու գնացի դեպի գերեզմանոց կոլոնինան և մինչև գիշերվա մութը աննպատակ չափ էի տալիս Տաք ջուրի շրջակա սարերի, ձորերի ու անտառների մեջ։ Կես գիշերը անցած էր, որ քաղաք եկա, մտա սենյակս և այն գիշեր առաջին անգամ հանգիստ ոգով մտա անկողինս։

Հուլիսի 8. Էսենտուկ։

Ահա քանի օր է, որ Էսենտակումն եմ՝ մի հյուրանոցի սիրուն սենյակի մեջ տեղավորված, բայց ո՞վ ինձ այստեղ բերեց՝ չգիտեմ։ Ծառան ասում է թե՝ երեք օր ուշաթափ էի. բժիշկները կարծել են թե անպատճառ կմեռնեմ՝ անգամ վտանգելի հիվանդ եմ եղել։

Վերջին անգամ որ Ասատուր աղայի տանից աղմկով կռիվով դուրս գնացի՝ բոլոր գիշերը անցուցի խոնավ օդի մեջ ու թեթև հագված, գիշեր որ տուն եկա հոգնած՝ իսկույն քնեցա, բայց մյուս առավոտ միայն զգացի, որ Կովկասի անիծած դողցուցը ինձ բռնել է. հայելիին մոտեցա, տեսնեմ՝ երեսիս գույնը մեռելի գույն է։ Շուտ-շուտ հագվեցա (բոլոր ժամանակը ատամս ատամիս չէր դիպչում, այնպես սաստիկ դողում էի), մտա Բոլթի դեղանոցը, բավականին մեծաքանակ քինաքինա [93] կուլ տվի ու գնացի Դռոզդովի տան առջև կանգնեցա ու սպասում էի նորա դուրս գալուն։ Թեև ամբողջ երկու ժամ անպտուղ սպասեցի, բայց պատրաստ էի այլևս տասներկու սպասելու, որ նորա լրբությունը անպատուհաս չթողնեմ։ Ժամը տասնին, տեսնեմ սանդխտից ցած է իջնում նա։ Ուրախությունիցս սիրտս

[93] Քինաքինա – խինին։

սկսավ սաստիկ բաբախելու: Երբ որ նա փողոց մտավ, ես էլ իսկույն եկա կանգնեցա նորա առջև:

— Պարոն Դոոզդով, զենքդ հե՞տդ է,— հարցուցի,— ժամանակ է մեր մենամարտությունը վերջացնելու:

— Պարո՛ն, ես ձեզ արդեն պատիվ ունեցա հայտնելու, որ չեմ մենամարտիլ, օրենքը խստիվ արգելում է մենամարտությունը,— պատասխանեց ցած ձայնով Դոոզդովը:

— Պարոն Դոոզդով,— ասացի,— բայց նույն օրենքովն նմանապես սաստիկ արգելված չէ՞ր նախատինք անելու այն ազգին, որն բացի լավ գործերե ոչինչ արած չունի յուր պատմական կյանքի մեջ, գեթ Ռուսաց իշխանության տակ. եթե դու մեկ օրենքին այդքան հնազանդ ես, ինչո՞ւ մյուսը այնպես լրբաբար ոտնակոխ արիր:

— Ես չեմ մենամարտիլ,— ասաց Դոոզդովն ու ձայնը, ասես թե արդեն փորիցն էր դուրս գալիս:

— Բայց ես քեզ կստիպեմ՝ մենամարտելու,— ասացի ես,— ու արյունս սկսավ նորից եռ գալու:

— Չե՛ք կարող ինձ ստիպել, օրենքը ձեզ կդատապարտե. ձեզ կբանտարկես, կաքսորեն...

— Թող դնեն ինձ բանտ, թող աքսորեն ինձ,— ասացի կատաղած,— գնա՛, զանգատե՛ վրաս ո՛ւր և ուզես, ո՛ւմ և ուզես,— ու սկսեցի կարկտի նման թավացնել նորա թշերին, գլխին, ուսին, կրծքին, վզին ապտակներ և մուշտիներ [94]:

Երբ որ վրեժս հանդարտացրի ու ձեռքս էլ թուլացավ, Դոոզդովը գետնից բարձրացուց ընկած գտակը, վրայի ճմռթած հալավը հարդարեց, չորս կողմը նայեցավ ու ասաց, «լավ է որ ոչ ոք չտեսավ» ու փախավ:

Այն էր, որ նորան տեսել էի, էլ աչքիս չերևեցավ շատ երկար ժամանակ:

Կամաց-կամաց գնացի դեպի ճեմելիք և դժվարավ հասա

[94] Մուշտի – բռունցք, բռունցքի հարված:

նստարանին։ Երևի այդտեղ ներ թալկացել ընկել եմ, և բարի մարդ գտնվել է, որ բերել հասուցել է ինձ այստեղ։

Հուլիս 15.

Հիվանդությունս շարունակվում է. գլուխս ցավում է. ականջներիս մեջ մեկ՝ սամավարի խշխշոց է լսվում, մեկ՝ զանգակի ձայներ, լեզուս պղտոր է. երեսիս գույնը դեղնած՝ կանաչ ցոլքով։

— Է՜հ, եղած-չեղածը մեկ մահ չէ՞, կմեռնիմ ու կպրծնեմ աշխարհքիս ցավ ու դարդերից... Տե՜ր Աստված, մի՞թե պիտի մեռնիմ. տակավին ի՞նչ կյանք վայելել եմ, որ այդպես շտապով թողնեմ՝ աշխարհքս ու հեռանամ։ Հինգ տարիս անցավ ծանր աշխատանքի և կենսամաշ չքավորության մեջ. եթե առջևս խաբուսիկ հույսեր չլինեին՝ կյանքը ինչո՞վ պիտի զանազանվեր հանցավորի արգելանքից և կամ նորա բռնազբոս տաժանական աշխատանքից, միայն հույսն էր, որ փոքրիշատե պահպանում էր իմ ոգին և տալիս էր ուժ ամեն օրվա զրկանքս համբերությամբ տանելու, այժմ այն հույսն էլ կորավ, այսուհետև էլ ի՞նչ կապում է ինձ այս կյանքի հետ։ Ես Սոֆիային չեմ մեղադրում, իմ թշվառության մեջ և ոչ Ասատուր աղային, նոքա ինձ երբեք ստապատիր հույսերով սնուցած չէին։ Ես Դռոզդովին էլ շատ չեմ մեղադրում, իմ գժտությունը Դռոզդովի հետ բոլորովին ուրիշ աղբյուրեն բխեցավ. միայն թե ոչ ոք չգիտե այդ։ Ո՞րի համար կենամ, որի՞ն պետք է իմ կյանքը... Իսկ Կատյա՞ն. Չէ՜, Կատյան իմ սրտի մեջ այն տեղը չէ կարող բռնել, որ պիտի բռներ Սոֆիան։ Ինչո՞ւ ինքս ինձ խաբեմ, ես Կատյային միշտ կսիրեմ ինչպես բարեկամ, ինչպես քույր, բայց ինչպես կին սիրել չեմ կարող նորան. եթե ասեմ թե կսիրեմ, խեղճ աղջկանը խաբած կլինեմ։ Մեր մտավոր զարգացումը զանազան է. մենք մին մինի հավասար չենք, նա ինձ ընկերկին, բարեկամ-կին լինել չէ կարող, նա իմ ստրուկը կլինի։ Ստրուկին կարելի է մեղանալ, դեպի նա գութ ունենալ, խնայել, բայց սիրել երբեք չէ կարելի, բայց նա ինձ սիրում է, և ինչպե՛ս քնքուշ սիրով, արդար սրտով է սիրում... խե՛ղճ աղջիկ։ Ժամանակից ժամանակ միտքս է գալիս, թե ո՛րքան նա տրտում էր, երբ որ ինձ փոքր ի շատե սիրում, պատվում ու գուրգուրում էին Ասատուր աղայի տանը և ի՛նչ ուրախություն էր սկսում ցոլալ նորա աչքին, երբ ակներև արհամարհանք էին ցույց տալիս նորա ինձ։

Այս խորհրդածությունների մեջ էի, որ մի հասարակ ռուս մարդ ձեռքս մի նամակ տվավ։ Բացի ծրարը, նամակը կարդալու չի սկսած, ուզացի իմանալ ո՛վ էր գրողը, նայեմ՝ ստորագրված է Կատարինե Մերջանյան։— Ա՛,— ասացի,— Կատյայից է ուրեմն այս նամակը, նայենք ի՛նչ է գրում։

(Սիրեկան եղբայր Վարդան)

Ես գիտեմ, որ հրամանքդ ձեռքդ հազիր փող չունես Մոսկով և կամ քու տեղը գնալու, եթե երթաս էլ իսկույն դուլլուղ չես գտնիլ, ուրեմն մի փոքր ժամանակ փողի նեղություն պետք ա քաշես։ Ես էսպես միտք արամ, որ դու լավն էն ա ինձ պարտք մնաս, քանց մինի-մյուսի առաջ գլուխդ ծռես։ Էդ պատճառով ես նամակիս մեջ տիրամ 200 ռուբլի (և իրավ որ նամակի հետ այդքան փող կար), որն ունիմ փայած իմ ժալովնիից։ Ես դուրս եկամ աղա Ասատուրի տանից, հիմի գընըմ եմ Հաշտարխան։ Խնդրըմ եմ չի բարկանաս վրես, որ համարձակվեցա քու գործերի մեջ խառնվելու։ Ինձանից քոմակ ստանալը դու քեզ համար ցածրություն մի՛ համարիլ. բալքի մեկ օր էլ դու ինձ պետք գաս. «տաք հացը փոխ ա»— ասըմ ա հայի խոսքը։ Երեկի, Ասատուր աղայի տանը նրա աղջկա Սոֆիայի նշանտուքը կատարվեցավ ֆլան Դոոզդով աֆիցերի հետ. բավական շատ վայեննըյներ կանչած էին, հայ ո՛չ մեկ հոգի չկեր. քահանեն էլ ռուսի էր։ Աֆիցերները շատ խման, շատ անհամ բաներ արան, իրանց էնպես պահըմ էին Ասատուր աղայի տանը, կարծես թե ղաբաղըմը իլեին[95]. Սոֆիայի երեսին էին ծիծաղըմ, ասելով՝ «բախտավոր պսակի արժանի լինիս»: Դոոզդովն էլ փիս քցած էր. հետվան ինձ հետ էլ ուզում էր լիրբ վարվիլ. ամա ես շատ չիհամբերամ, քեզ նման ես էլ նրան մեկ լավ սիլլա տըվամ ու փախամ: Հիմիկ գաստիննիցումն եմ. մեկ նումրա եմ փըռնել առ ժամանակի, և մեկ սահաթից գնալու եմ Մինէրալնըյ ստանցին: Դեհ մնաս բարով, Վարդան ջան, ղոչաղ կացիր, ումուտդ[96] մի՛ կտրիլ՝ աստվածանից, որ ես էլ քու բախտավորությունդ լսելով՝ միշտ ուրախանամ: Մնամ խոնարհ աղախին քո

Եկատերինէ Մերջանյան
Տաք ջուր

18** Հուլիսի 14

Նամակաբերին որքան և աշխատեցա հարց ու փորձ անելու Կատյայի մասին ինչ ու ինչ կարևոր գիտելիք, բայց նորանից ոչինչ չիմացա, բացի այն թե՝ մի աղջիկ տվել է նորան այս նամակը և պատվիրել է ինձ հասցնելու, ինքն էլ պատրաստված է եղել գնալու յուր քաղաքը, այժմ, անշուշտ, Տաք ջուրից դուրս ելած պիտի լինի: Ավել ոչինչ չկարողացավ պատմելու, վասնզի ինքն էլ ավել բան չգիտեր: Այս էլ ավելացրեց նամակաբերը, որ աղջիկը իրան էլ ընծայել է հինգ մանեթ:

Աչքերիս չէի հավատում: Առանց այլևայլության այս նամակը Կատյայի իրա գրածն էր. բայց ես հինգ տարվա մեջ իմացած չէի, որ նա գրել-կարդալ գիտե, ո՞վ և ե՞րբ սովորեցրել էր նորան՝ խելքս բան չէ կտրում: Ես

---

[95] Ղաբ (պարս.) – բարբաջանք, վայրիվերո խոսվածք, հիմարություն. կարծես թե ղաբաղըմը իլեին – կարծես բարբաջանքի մեջ լինեին:
[96] Ումուտ – հույս, ապավեն:

սովորեցրած չեմ, այդ շատ լավ միտս է, եթե Սոֆիան սովորեցներ, անշուշտ, հազար անգամ արդեն ինձ ասած կլիներ: Երևի ինքն իրան էր սովորել, թաքուն առնելով Սոֆիայի գրքերը և պատի ետևից լսելով Սոֆիային ասածներս ու միտը պահելով: Բայց այս փո՞ղը: Մի խեղճ նաժիշտ խնայողությամբ, մսից կտրելով, կոկորդից խլելով, յուր աղքատիկ ռոճիկը կոպեկ-կոպեկի վրա դնելով՝ երկու հարյուր մանեթ դարձնել (որ մի որբ աղջկա համար ահագին գումար է) և այդ հինգ տարվա աշխատանքի պտուղը մի օտար մարդու տալ՝ այս ոչ թե սիրո, այլ կանացի դյուցազնության նշան է: Ա՜խ, Կատյա, Կատյա՜, ինչո՞ւ քեզ ուշ ճանաչեցի, ինչո՞ւ իմ աչքերս մինչև այժմ կույր էին. ո՜րպիսի մեծ հոգի ունիս դու ամփոփված մի համեստ անձնավորության մեջ, ո՜րքան փոքր եմ ես քու առջև...

Այժմ ես սկսա կամաց-կամաց հասկանալու, թե ինձ Տաք ջուրից Էսենտուկ ո՞վ բերած պիտի լիներ, ո՞վ վարձած պիտի լիներ, այս սենյակը և ո՞վ պիտի ժողոված և այստեղ բերած լիներ իմ առարկաներս:

Գնացի տանտիրոջս մոտ և հարցուցի.

— Ասացե՛ք, խնդրեմ, ինձ հիվանդ–հիվանդ ո՞վ այստեղ բերեց և ո՞վ վարձեց այս սենյակը:

Տանուտերս ասաց.

— Մի դեռահաս կնիկ բերեց ձեզ այստեղ, վարձեց ինձանից այս սենյակը և մի ամսվա բնակարանի և կերակուրի վարձը կանխիկ վճարեց, չայ, շաքար, սուրճ, ճրագ, օճառ ևն, նմանապես նա բերեց ձեզ համար: Ձեր կտավիքը նա ժողովեց, տվեց լվացարարին լվանալու, որի համար փողը նմանապես կանխիկ վճարեց նորան, և ամենիս խստիվ պատվիրեց, որ ձեզանից երբեք փող չպահանջենք, անհանգիստ չանենք ձեզ: Եթե դուք ամսից ավելի մնալու լինիք՝ պատկանյալ փողը նա կհասցնե մեզ: Բայց չասաց յուր անունը, և աղաչեց որ նորա մասին ձեզ ոչինչ չասենք:

Այսպիսի քնքուշ վարմունք, այսպիսի

մարդավարության, այսպիսի մարդասիրական ընթացք միայն կարելի էր կրթյալ եվրոպացի կնոջմե սպասել, բայց մի հայ աղախինե՝ որի սպասավորությունը մի հարուստ վաճառականի տան մեջ ոչինչով չի զանազանվում անբարոյականացնող ստրկությունից, առաջացած, այդ ամենը, պետք է հոժարել որ գրեթե մի անհավատալի մեծագործության է: Ես արդեն դադարեցա Կատյայի վրա նայելու ինչպես մի հասարակ հայ կնոջ վրա. ես նշմարում էի նորա մեջ երկու անգնահատելի հատկություններ՝ կորովամտության և ազնիվ արյուն: Այդ կոպիտ կեղնի մեջ, եթե աշխարհք էլ ինձ հավատացներ, որ անազնիվ սերմ կա՝ ես չէի հավատալ: Մարդուս մեջ կան այնպիսի հատկություններ, որոնք պատահական և ստացական չեն, այլ ծննդական ժառանգություն են ծնողներից: Այժմ որ Կատյան աչքերես հեռացավ, ուրեմն և նորա հիշատակը ինձ համար թանկ է՝ միտքս բերելով նորա ամեն խոսքը, վարքը և բնավորությունը՝ սկսում եմ գնահատելու նորան և բարձր դասելու: Բայց անազան՝ ստրջութենից ի՞նչ շահ, զուցե մյուս անգամ երբեք նորան չտեսնեմ, զուցե նա ինձ արդեն արհամարհում է ինչպես անզգա, ապերախտ և պակասամիտ մարդ: Ի՞նչ պետք է մեղքս ինքս ինձմե թաքցնեմ, ես սև ապերախտությամբ հատուցել եմ Կատյայի ամեն մի մարդավարի վարմունքը ինձ հետ: Չէ՛, ինքս ինձի խոսք եմ տալիս՝ հենց որ առողջացա, իսկույն գտնել այդ աղջկան և...

Սոֆիայի հիշատակը ոչ թե ջնջվել է մեջս, ո՛չ, այլ նա երևում է իմ կյանքի թերթերի մեջեն իբր աղճատած, արատավորած ու զզվելի թերթ, ուր գրված է իմ բարոյական անկումը, իմ ամոթալի ախտերը և իմ ամենամեծ թշվառությունը: Միայն այժմ ես լիապես հասկացա, թե կիրքը մինչև որ աստիճան կարող է մարդուս ստորացնելու, կուրացնելու, ես միայն այժմ հասկացա, որ սարսափելի անբախտություն է այն ամուսնությունը, ուր խոհեմ սիրո տեղ թագավորում է կույր կիրքը:

Հուլիսի 29.

Երբ որ առողջությունս մի փոքր կազդուրվեցավ առաջին գործը այն եղավ, որ նորից գնացի Տաք ջուր (Էսենտուկից 12 վերստ հեռի է), ամբողջ շաբաթ գործածեցի պտրելով Կատյային, էլ ո՛չ մի տուն, ո՛չ մի բնակարան, ո՛չ մի հյուրանոց չթողի, ո՛չ մի ծառա, ո՛չ մի՛ աղախին, ո՛չ մի կառապան չթողի, ամեն տեղ և ամենին հարցուցի, հարց ու փորձ արի, փնտրեցի, բայց չկարողացա Կատյային գտնելու: Ո՛չ մի ճեպակառքի քոնդուքթոր և ո՛չ մի կառապան չկարողացավ ինձ տեղյակ պատմելու թե՝ այս ինչ նշաններով աղջկա ուր և իցե տարել է: Նամակներ թռուցի մերձավոր իջևանները, հեռագիրներ քաշեցի զանազան քաղաքներ, բայց ոչինչ բավարար պատասխան չի ստացա, «չը գիտենք, լսած չենք», ահա այս այն պատասխաններն էին, որն ես ստանում էի իմ աղաչանքով լցված ամեն մի նամակին: Կորա՛վ, կորա՛վ ինձ համար Կատյան և ինձ չարժանացուց գեթ խոսքով շնորհակալիքս լսելու: Հաշտարխանցի բարեկամներս էլ ինձ ծանուցին, որ այդ անունով աղջիկ չեն ճանաչել երբեք և այժմ էլ Հաշտարխանի մեջ չի կա:

Թեև Կատյափ մասին ոչինչ տեղեկություն ստանալ չի կարողացա, բայց Սոֆիայի մասին շատ բաներ լսեցի, և այժմ ևս հետզհետե լսում եմ:

Այն օրը տեղի ունեցած չէ՛ մատանեփոխությունը Դռոզդովի հետ, բայց երեք օրից, ինչպես որ Կատյան էլ հիշում էր յուր նամակի մեջ, մեծ խայտառակությունով կատարվել է: Ասատուր աղան ասել է Դռոզդովին, որ «ես հայեր հրավիրելու չեմ. ես այսուհետև նոցա հետ ամեն բարեկամական և արենակցական կապերս կտրելու եմ. դու հրավիրե քու ծանոթներին և բարեկամներին իմ տուն, և միասին ուրախությամբ կատարենք դստերս հարսնախոսության ծեսը ռուսաց քահանայի օրհնությամբ»: Իսկ Դռոզդովը գնացել է մի քանի յուր նման սպաների մոտ և ծիծաղելով հրավիրել է նոցա «մի ճոխ գիներբուքի», որն պիտի կարապետէ նորա «քաղաքական ամուսնությունը», և քահանային պատվիրել է, որ գա և յուր տիրացուների հետ միասին «բազում ամք» բարեմաղթէ Վլադիմիրին և Սոֆիային, մատենափոխության մասին ոչինչ հիշված չէ՛: Թէև սպաները այդ օրը շատ խայտառակ վարել են իրանց, բայց Դոոզդովը աշխատել է թեթևացնել նոցա հանցանքը՝ պատճառաբանելով գինիի առատությունը: Այսպես բոլոր տնեցիք խաբվել են և կարծել են թէ օրինավոր կերպով կատարվել է Սոֆիայի մատենափոխության ծեսը, և միամտվել են:

Մի քանի օրից եկել է Դոոզդովը Սոֆիայի մոտ և ասել է թէ՝ եթէ հայրս իմանա, որ ես մի հասարակ հայ աղջկա վրա պետք է պսակվիմ՝ երբեք չի տալ յուր հոժարությունը և օրհնությունը, իսկ եթէ ես հակառակ նորա կամքին երթամ՝ անպատճառ կզրկէ ինձ այն միլիոններեն, որն պիտի ժառանգեմ ետ նորա մահվան, բայց եթէ ես գաղտնի կերպով պսակվիմ և հետո գամ ընկնեմ նորա ոտքերը՝ նա ինձ կներէ, չի զրկիլ ոչ օրհնություններն և ոչ ժառանգութեննեն. ուրեմն՝ այժմ մեզ ուրիշ բան չի մնալ անելու, բայց եթէ փախչել Փարիզ և այնտեղ պսակվել: Այժմ դժվարությունը այն է, որ ես այդ ճանապարհորդության համար փող չունիմ: Եթէ դու ինձ անկեղծ և մտերմաբար սիրում ես՝ պարտավոր ես ինձ մի աննշան զոհ բերելու, որ է՝ հորդ դրամարկղը թաքուն բանալ և միջից որքան կարելի է շատ փող առնել, և ժողովել քու թանկագին զարդերը ու ակնեղենները ու գիշերով փախչել տանից:

Սոֆիան առանց ընդդիմախոսության հոժարել է նորա առաջարկությանը, հավաքել է յուր բոլոր և մասամբ մոր ակն ու մարգարիտները, դրել է մի արկղիկի մեջ, թաքուն բացել է հոր դրամարկղը, միջից հանել է քսան հազար մանեթ և նույն օրն Դոոզդովի հետ միասին փախել են Ստավրապոլ, այնտեղ մի պանդոկում մնացել են երեք օր և ապա շինծու անցագրով գնացել են Փարիզ:

Հայրը իմանալով այս փախուստը (Սոֆիան բոլոր այս հանգամանքը նամակով հայտնել է նորան) ամեննին շփոթված և բարկացած չէ, այլ ընդհակառակն, անցնող, դարձողին պատմել է թե՝ արիստոկրատների մեջ այդպիսի ռոմանտիքական պսակը շատ սովորական բան է և հաճախ կպատահի, և բոլորովին հանգիստ սրտով սպասում է եղել յուր սիրական դստեր և ազնիվ փեսայի վերադարձը քանի մի շաբաթից:

* * *

Այստեղ վերջանում է բժիշկ Վարդան Հուսիկյանի հիշատակարանը, որ ես Էսենտուկի պառավից գնեցի տասնհինգ մանեթով: Բայց, ինչպես ներողամիտ ընթերցողս տեսնում է, պատմությունը թերակատար է մնում: Ինձ շատ հետաքրքիր էր իմանալ՝ արդյոք այս ճշգրիտ դեպքը ինչո՞վ վերջացել է, ի՞նչ եղան ազնվահոգի Կատյան, թեթևամիտ Սոֆիան, հայատյաց Ասատուր աղան և անբարոյական Դոոզդովը. կենդանի՞ են, ո՞ւր են. ի՞նչ վիճակի մեջ են. եթե մեռած են, արդյոք ի՞նչը կարճեցուց նոցա կյանքը այդ ծաղիկ հասակի մեջ (իհարկե, բացի Ասատուր աղայից), նոքա էլի միմյանց հանդիպեցան, թե՞ առ հավիտյան բաժանվեցան իրարմե և մյուս անգամ մեկ մեկի էրես չտեսան:

Հայկական կյանքը ցայն աստիճանի միաձև, առօրեական և ձանձրալի է, որ փոքր ի շատե սովորականեն դուրս կենցաղ վարող հայը միշտ շարժել է իմ հետաքրքրությունը. ես միշտ ցանկացել եմ իմանալու՝ ի՞նչ է եղել պատճառը որ նա ընդհանուրի օրինակին հետևած չէ՝ և հայկական կյանքի սովորական ճանապարհեն խոտորվել է: Այդպիսի անձինք թե՛ առաքինի լինեին և թե՛ մոլեկան, միշտ գրավել են իմ կարեկցությունը:

Շատ հարց ու փորձից հետո, մի օր հանկարծ հիշեցի, որ Ռուսաստանի բոլոր բժիշկների ցուցակը կա, որն ամեն դեղագործ պարտավոր է ունենալ: Երբ որ այդ ցուցակը ձեռքս առի և այբուբենի կարգով գտա Վարդան Հուսիկյանի անունը, կարդացի որ նա Վ. քաղաքումը քաղաքական հիվանդանոցի գլխավոր բժշկապետն է:

Բժիշկ Վարդանի բնակության տեղը իմանալեն ետ, արդեն դժվար չէր նորա և նորա ընկերների պատմությանը տեղեկանալու, պետք է միայն մի քաղաքավարի նամակ գրել նորան և հարցնել մանրամասն տեղեկություն տետրակի մեջ հիշած անձանց մասին, որ և արի իսկ: Իսկույն նստա ու մի նամակ գրեցի Վարդան Հուսիկյանին, որի բովանդակությունը այս էր, թե՝ պարոն բժիշկ, քու հիշատակարանը պատահմամբ ընկավ իմ ձեռք, որի համար փող վճարելով իմ սեփականությունը դարձրի: Բայց, ինչպես գիտեք հիշյալ հիշատակարանը պարունակում է քու, Կատյայի, Սոֆիայի, Դռոզդովի և Ասատուր աղայի կյանքի առաջին մասը, բայց ի՞նչպես շարունակվում է կամ վերջացել է մնացած մասը՝ ես չգիտեմ, բայց ինձ շատ հետաքրքիր էր իմանալ այդ: Եթե արքունական պաշտոնեդ ազատ ժամանակ ունիս, քեզ շատ կխնդրեմ, վրադ ծանրություն առնուս, մանրամասնաբար գրես վերը հիշած անձանց կյանքի մնացորդը, ուստի և ես կարողանայի եզրակացնել, թե ինչպես վերջացավ ձեր հարաբերությունը: Քեզ խոսք եմ տալիս, որ այդ պատմությունը ինչպես և այն տետրակը, որ մոտս է, մարդոցմե առմիշտ ծածուկ կմնա (պատվական կարդացողս տեսնում է, թե ինչպես ճիշտ կատարեցի խոստմունքս):

Այս էր իմ երկար նամակի բովանդակությունը:

Երկու ամսից ստացա մի փոքրիկ տետրակ և հետը մի նամակ, որն բառ առ բառ այստեղ առաջ կբերեմ:

ՊԱՐՈՆ ՍՅՈՒԼՅՈՒԿ.

Ձեր հիշած տետրակը իրավ ես կորցրել էի, բայց չգիտեի որ նրան մոռացությամբ թողել էի Էսեննտուկի հյուրանոցի պահարանի մեջ: Եթե փող վճարել եք ու գնել եք՝

կնշանակե որ նա ձեր անկողոպտելի սեփականությունն է և ես իրավունք չունիմ ձեզանից պահանջելու, ճշմարիտը ասեմ հարկավորություն էլ չունեմ: Եթե ձեզ, պետքական է՝ պահեցեք ձեր մոտ, միայն թե ցույց մի՛ տաք մարդոց՝ ես չուզեի որ հաշտարխանցիների բարոյական թերությունները, որն ես անխնայաբար մտրակել եմ, հռչակվի մյուս հայերի մեջ, թեպետ և գրավոր կերպով մարդկության պակասությունները ցույց տալը, բացի օգուտին, ուրիշ բան հառաջացուցած չէ:

Թեև ինձ շատ դժվար էր մտքով վերանորոգել տխուր անցյալիս հիշատակարանները, բայց որովհետև դուք համոզիչ խոսքերով խնդրում եք ինձ՝ ես չկարողացա մերժել ձեր խնդիրը, ուր դուք նյութական շահ չունիք: Բայց եթե այս նոր հիշատակարանիս մեջ հայկական լեզվի դեմ սխալներ գտնեք՝ շատ մի՛ մեղադրեք ինձ: Այս քանի տարի է, որ ես ո՛չ հայի գիրք առել եմ ձեռս, ո՛չ հայի երես եմ տեսել և ոչ հայի ժամերգություն եմ լսել, միայն Կատյաս է, որ իմ հայ լինելս միտս է ձգում, եթե նա չլիներ՝ կրոն, ազգային ծեսեր և ավանդություններ և հայոց լեզու բոլոր ցնդած կլինեին իմ մեջեն:

Չեմ ուզում ձեզանից թաքցնել, ես սաստիկ դառնացած եմ հայերից: Առաջները ես կարծում էի թե՝ անհնար է միայն հայ ազգի քահանա և վարժապետ լինելը, այժմ տեսնում եմ, որ հայ բժշկին հայ քաղաքի մեջ պաշտոն վարելն ևս դժվար է, եթե չասեմ անհնար է: Այդ ևս բավական չէ՝ մի հայ աշխատավորի հայ քաղաքի մեջ յուր գիտությունը մշակելն ևս դժվար է: Ես ինձ համար մեկ առած եմ շինել, որի կազմվածքը թեև բանաստեղծական ոճի գեղեցկություն չունի, բայց նորա մեջ բովանդակած իմաստը զուտ ճշմարտություն է՝ «եթե հայից ապրուստ սպասես, ունեցած քանքարդ անօգուտ կդարձնես»: Հայի մեջ գործող լինելու համար մեկ կարի հարկավոր պայման է պետք, և այդ պայմանն է՝ հարստությունը: Հարուստ հայը, եթե կամենա, հայ ժողովրդի մեջ միշտ օգուտ կբերե, վասն զի հայ ազգը միայն հարստի խոսքին սովորել է հավատալու և հնազանդելու. չքավորի խոսքը երբեք արձագանք գտած չէ՛ և գտնելու էլ չի՛ հայի սրտի մեջ:

Երբ որ ես բժշկապետության հարցաքննությունս ավարտեցի, քանի-քանի հայաբնակ քաղաքներ գրեցի չէի՞ն կամենալ արդյոք ինձ քաղաքական բժշկի պաշտոն տալ. և բոլոր նամակներս անպատասխան մնացին: Երբ որ ռուսաց քաղաքներ գրեցի, գրեթե ամենից հրավերներ ստացա, մինը մյուսից օգտավետ պայմաններով: Ես ընտրեցի Վ. քաղաքը, ուր ահա վեց տարի է, որ փառքի, պատվի և ճոխության մեջ ապրում եմ իմ փոքրիկ հայ ընտանիքովն: Բայց ինչո՞ւ ես այս մասնավոր նամակիս մեջ թափում եմ իմ սրտի ցավն ու դարդը, երկու տետրակներումը բավականին գրել եմ այդ ձանձրալի նյութի վրա... Կատյաս ձեզնից հոգով չափ շնորհակալ է, որ դուք նորա և իմ կյանքովս հետաքրքրվում եք:

Ողջ և հաջող եղեք:
Բժ. Վարդան Հուսիկյան

ԵՐԿՐՈՐԴ ՏԵՏՐԱԿ

Ամիս ու կես իզուր պտրելով Կատյային և ամեն աշխատանքս կորած տեսնելով՝ ես բոլորովին ատեցի կյանքը, վասնզի կյանքը մեզ այն ժամանակ է քաղցր, երբ որ նա մեկ թանկագին էակի կամ մեկ քաղցր հույսի հետ կապված է. իսկ եթե ոչինչ սուրբ կապեր չունի՝ կյանքը դառնում է մարդուս համար անտանելի բեռ:

Մի օր տխուր նստած էի սենյակի մեջ, ուսանողական տարիներս հիշողությանս առջև կարգով անցնում էր. հանկարծ պրոֆեսորներիցս մինի խոսքը միտքս եկավ թե՝

ճանճրույթի դեմ ամենաիզոր դեղը աշխատանքն է: Իսկույն մտքիս մեջ խորհուրդ ծագեցավ. «արի նորից գնամ Մոսկով, ասացի ինքս ինձ, շարունակեմ ուսումս և բժշկապետի հարցաքննություն տամ: Եթե մի առանձին շահ էլ չունենամ դորանից, գոնե կմեղմացնեմ ձանձրույթս և վիշտս, որ մաշում են իմ կյանքը»: Ինչպես ասացի, այնպես էլ արի: Նույն երեկոյին ժողովեցի իրեղեններս, դրի պայուսակի մեջ, մյուս առավոտ կանուխ զարթեցա, թեյս խմեցի ու ընկա ճանապարհ: Չորս օրից հասա Մոսկով, Մոսկով՝ գետակի մյուս կողմը վարձեցի բնակարանս ու վերանորոգած աշխուժով սկսա մասամբ քաղվածք անելու բժշկական գիտության առարկաները և մասամբ այցելելու լսարանները, և մասամբ թեթև վարձատրությունով մերձավոր թաղերի հիվանդներին դարմանելու: Ստացածս շատ չէր. բայց իմ այս ժամանակվա սակավապետ կյանքիս համար բավական էր: Ժամանակիս մեծ մասը անցնում էր սովորելով: Այդ միջոցին շարադրությունս էլ բավականին հառաջացել էր:

Բժշկապետության աստիճան ստանալու համար ես ինքս ինձի երկու տարի ժամանակ էի որոշել, տարի ու կեսը պարապելու և հարցաքննություն տալու, իսկ մնացած կես տարին ուսումնական շարադրությունս գրելու, մշակելու և պաշտպանելու համար, տարի ու կեսը անցել էր և ես մի քանի առարկաներէ հարցաքննությունս հաջողակ տվել էի: Այդ միջոցին մեկ աշնան գիշեր հանկարծ դուռս ծեծեցին և հրավիրեցին ինձ մի ծննդկանի մոտ: Հիվանդը չքավոր էր, հետևես կառք չէին ուղարկել. և որովհետև հենց այն օրը կրկնակոշիկներս կարկատելու էի ուղարկել՝ ստիպվեցա թաց ու ցեխոտ փողոցների միջից բարակ կոշիկներով անցնել: Երկու ժամ չարչարվելից ետ, երբ նորածինին ընդունեցի ու առավոտյան ժամը երեքին ազատվեցա հիվանդից, դարձյալ ստիպված էի ոտով տուն վերադառնալու, վասնզի այդպիսի ուշ ժամանակ Մոսկովի հեռավոր և սակավամարդ փողոցների մեջ երբեք կառապաններ չեն լինում, իմ անբախտութենից վերևից էլ մանր և սառ անձրև էր գալիս, վրայիս բոլոր հալավը, կոշիկներս, զուլպաներս թաց էին, ջուրը, ինչպես ասում են, մինչև ոսկորներս էր հասել: Երբ որ տուն եկա, թեև իսկույն հանվեցա, կտավիքս փոխեցի, անկողինս մտա ու տաք-տաք ծածկվեցա, բայց բանը բանից արդեն անցել էր. մեկ սարսռալի դողում էի, մեկ կրակի մեջ էրվում էի. բոլոր գիշեր քուն չեկավ վրաս և անդադար բանդագուշում [97] էի. էլ ոչինչ չեմ հիշում: Երբ նորից աչքս բացի, ինձ տեսա պառկած քաղաքական հիվանդանոցի մեջ: Յոթ օր (մոտիս պառկած մեկ հիվանդի ասելով) բժիշկներն ամեննին հույս ունեցած չեն, որ ես կենդանի կմնամ, մահճակալիս տախտակի վրա գրած էր լատիներեն Typhus recurrens [98], որն այդ միջոցին Մոսկովի մեջ սաստիկ կոտորած էր անում:

Ես, ինչպես տեսնում եք, թեև չմեռա, բայց իմս էլ ինձ հասավ, մարմինս բոլորովին հալել էր. վրաս մնացել էր միայն ոսկոր և կաշի, եթե ինձ կշռեին՝ փութ ու կես կամ լինեի, կամ ո՛չ: Այսպես անցան աշունը և ձմեռը, սկսեցավ գարունը: Բայց իմ տկարությունս անփոփոխ մնաց, ո՛չ վատթարանում էր առողջությունս, որ մեռնեի, և ո՛չ բարվոքվում էր, որ ազատվեի հիվանդանոցի անտանելի օդեն, սպասավորների ձանձրալի երեսներեն և իմ հիվանդ ընկերների սրտմաշուկ պատմություններեն. ամենքը ինձ իրանց միևնույն ցավերն ու դարդերն էին պատմում ամեն օր, ասես թե իմերը ինձ բավարար չէին:

Վերջապես հասավ ապրիլ ամիսը, ձյունահալքը սկսեցավ. արեգակը արձակեց յուր կենսատու ճառագայթները գետնի վրա. երկաթի նման կարծր սառույցները լուծվեցան ու քայքայվեցան. ձյուները հալեցան ու խոխոջալով հեղեղներ կազմեցին ու գլորվեցան դեպի գետը, օդը լցվեցավ տեղափոխիկ թռչունների և հավերի ձայներով, որոնք օրհներգում էին նորածին գարնան

---

[97] Բանդագուշել - ցնորական բաներ խոսել, զառանցել:
[98] Typhus recurrens - տիֆի տեսակ:

գալուստը, ձյունի տակից գլուխները բարձրացուցին ձյունածաղիկը, արջի ականջը, մանիշակը, վայրի քրքումը և բյուր տեսակ դալարիք և ծաղիկներ: Վեր, վայր, աջ ու ձախ ամեն տեղ ուրախություն և բերկրանք էր. միմիայն իմ սրտումը յուր արմատները խոր տարածել էր վիշտը: Ո՞վ յուր ուշքը պիտի դարձներ մի խեղճ պանդխտի վրա, ո՞վ պիտի հոգար նորա մասին, ո՞վ մի թեթև ախ պիտի քաշեր նորա անբախտ վիճակի վրա: Լուռ ու անտրտունջ արագ քայլերով մոտենում էի առջևս վաղ փորված գերեզմանին:

Մի այսպիսի պայծառ օր մեզ հիվանդներիս թույլ տվինման գալու հիվանդանոցի պարտեզի ու բակի մեջ: Զբոսնելու ժամանակ հանկարծ տեսա մի գեղեցկադեմ, թանկագին հալավներ հագած կին, որ հեռվից ուղիղ դեպի իմ կողմս էր գալիս, երկու աղախին էլ կտավիքով լցրած մի ահագին կողով բերում էին նորա հետևից, երբ որ կինը ինձ մոտեցավ՝ աչքերիս չհավատացի, կարծում էի թե երազիս մեջ եմ. «Կատյա՛,— ասացի,— այդ դո՞ւ ես, ո՞րտեղից ես գալիս, ի՞նչ գործ ունիս այս անիծած տեղը, ուր ամեն ծակուծուկ զանազան տեսակ մահերով է լցված»: Իմ ձայնս երևի շատ փոխվել էր և խռպոտ էր դարձել, որ Կատյան լսելով՝ սաստիկ վախեցավ:

— Տե՛ր աստված,— ասաց Կատյան,— Վարդա՛ն, մի՞թե դուք այստեղ էիք. այս ի՞նչ ողորմելի վիճակի մեջ եք. այս ինչպե՛ս նիհարել եք. եթե անունս չի տայիք, եթե հետս չխոսեիք, սաստ տարի էլ որ ձեր երեսին նայեի՝ չէի ճանաչիլ, այնքան փոխվել եք: Ի՞նչ կերպով ընկաք այստեղ, ի՞նչ պատահեցավ ձեզ:

Ես համառոտ խոսքով պատմեցի նորան վերջին երկու տարվա իմ գլխով անցած ամեն բաները: Կատյան ինձ լսելով՝ թաշկինակը անդադար աչքերին էր տանում և սրբում էր արտասուքը: Տեսնելով նորա անկեղծ արտասուքը, ես էլ շատ լացի այնտեղ: Վերջապես Կատյան ինձ ասաց.

— Պարոն Վարդան, գիտե՞ք ես ձեզ ինչ ուզում եմ ասելու, ձեր այստեղ մնալը անհնար է. այս հիվանդանոցի մեջ (սորա հանգամանքը ես շատ լավ գիտեմ) չեմ ասում, որ դուք կմեռնիք, Աստված մի արասցե, բայց երբեք, ինչպես որ պետք է, չեք կազդուրվիլ և չեք առողջանալ: Որքան կարելի է շուտ պիտի փոխել թե՛ ձեր բնակարանը, թե՛ կերակուրը և թե՛ բոլոր ապրուստը: Ես իսկույն կերթամ, կխոսեմ այս մասին գլխավոր բժշկի հետ...

— Կատյա՛,— ասացի,— ինչ որ ասում ես՝ շատ լավ է, ես քեզ հետ չեմ վիճիլ, բայց դու գլխավորը ինձ չպատմեցիր, ինչպես պատահեցավ, որ դու մյուս անգամ հայտնվեցար Մոսկովի մեջ... Ես քու հետքը Տաք ջուրամը կորցրի, դու այնտեղից ո՞ւր գնացիր և այս երկու տարին ո՞ւր էիր և ի՞նչ էիր անում:

Կատյայի պատմածի համառոտությանը այս է, որ նա երբ որ ինձ տեղավորեց էսենտուկի հյուրանոցի մեջ, նույն օրը նստավ շոգեկառք և ուղիղ գնաց Մոսկով: Ի բնե առողջակազմ և աշխատասեր լինելով, նա Մոսկով հասած-չհասած պտրել է աշխատանք և անհապաղ մտել մի ֆրանսիացի լվացարար կնոջ գործարան: Ֆրանսիացի կինը առաջին ամսվա վարձ նշանակել է նորան երեք մանեթ, երկրորդ ամիս, տեսնելով Կատյայի հմտությունը, ժրաջանությունը և պարտաճանաչությունը, կրկնապատկել է նորա ռոճիկը, չորս ամսից ֆրանսիացի կինը յուր բոլոր բանվորների վրա կարգել է վերատեսուչ և նշանակել քսաննհինգ մանեթ ռոճիկ, այսպես շարունակվել է այլևս երեք ամիս: Հանկարծ Ֆրանսիայից նամակ է նա ստացել, որ նորա մերձավոր հարուստ ազգականներից մինը մեռել է, բայց մահից առաջ նորա անունով կտակել է յուր բոլոր ինչքը և փողը: Որովհետև այս յոթն ամսվա միջոցին Կատյան յուր հավատարմությունով, ժրաջանությունով և քաղաքավարությունով կարողացել է նորա սիրտը սաստիկ գրավելու, այդ պատճառով, ի նշան յուր բարեկամությանը յուր բոլոր գործարանը շատ աժան, գրեթե չնչին գնով, ծախել է նորան և ինքը գնացել է յուր հայրենիքը: Թեև այս գործարանը ֆրանսիացի կնոջ ձեռքին մեծ անուն է ունեցել, բայց Կատյան յուր խոհեմ ընթացքովն կարողացել է շատ ու շատ ավելի բարձրացնելու Մոսկովի մեջ, այնպես որ՝ քառապատկելով գովողների թիվը, ընդնմին և քառապատկել է յուր արդյունքը: Այժմ նորա գործարանին քանի հազար մանեթ տվող գնող կա: Այս է համառոտիվ Կատյայի պատմությունը այս երկու տարվա միջոցին, երբ մենք երկու տարի առաջ Տաք ջուրումը միմյանցից բաժանվեցանք:

Երբ որ երկուսս բավական լացինք և տխրեցինք, ես հարցուցի Կատյային՝ բայց ա՞յս հիվանդանոցումը դու ինչ գործ ունիս: Նա ինձ ասաց որ՝ կապալով [99] առել է ոչ միայն այս, այլև շատ հիվանդանոցների, արքունի վարժարանների և ուրիշ հաստատությունների կտավիքի տարեկան լվացքը, ունի հարյուր հիսուն վարձկան, որոնք գիշեր-ցերեկ աշխատում են նորա գործարանի մեջ. իսկ այժմ այս մեծ կողովը բերել է լվացած կտավիքը և պիտի ստանար յուր ամսական վարձը:

— Այժմ,— ավելցուց նա,— ես կերթամ հիվանդանոցի վերատեսչին, ստանալիքս կստանամ և քու մասին նս կխոսիմ: Դու հանգիստ սպասե մինչև իմ գալս: Եվ գնաց:

Այսպես՝ նախախնամությունը նորից մոտեցուց մեզ, և ես արդեն նախազգում էի, որ Կատյան իմ կյանքի մեջ մեծ դեր պիտի խաղա և ինձ համար պահապան հրեշտակ պիտի լինի: Եթե իմ մեջ չլիներ այն խոտելի նախապաշարմունքը, որ թանձր քողով ծածկում էր աչքերս, ես պետք է վաղուց նկատած լինեի, որ մի գերբնական զորություն օրեօր ավելի և ավելի մոտեցնում էր մեզ մին մինի, և ասես թե մենք անդուստ ի վերուստ միմյանց համար աշխարհք էինք եկած: Իմ ժամանակավոր կուրությունը պատճառ եղավ իմ այսքան տանջանքիս:

Հազար անգամ արդեն ես պատրաստ էի ընկնիլ Կատյայի ոտերը և խնդրել թողություն իմ կատարած ամեն

---

[99] Կապալ - որևէ աշխատանք կատարելու հանձնառություն պայմանագրային հիմունքներով համապատասխան վարձատրությամբ: Կալվածքի շինության և այլ անշարժ գույքի ժամկետային օգտագործում պայմանագրային հիմունքներով, վարձակալություն:

կոպտության համար, բայց մի բան ինձ կանգ առնել էր տալիս. Կատյան չէ՞ր կարող կարծել, որ ես ծունր եմ դնում ոչ նորա անձին, այլ նորա ունեցած հարստության առջև, չէ՞ր կարող նա մտքի մեջ այսպես խորհել՝ «քանի որ ես մի աննշան փոքրավոր աղջիկ էի՝ դու ինձ արհամարհում էիր, վրաս նայելու անգամ չէիր արժանացնում ինձ, և երբ որ դու փայլուն հույսերիդ մեջ սխալվեցար, երբ ես քեզ օգնության ձեռք կարկառեցի, երբ ակներև փաստերով ցույց տվի, որ քու կարծածի չափ անպիտան անարժան աղջիկ չեմ, այն ժամանակ դու սկսար առջևս սողալու»: Իհարկե, եթե նա այսպես կարծեր կամ ասեր՝ պիտի մեղանչեր իմ առջև, վասնզի ես երբեք հարստության առջև ծունր դրած ու երկրպագություն արած չեմ. բայց միայն կանանց արտաքին փայլեն խաբվել են իմ աչքերը և ես այնքան խորագիտություն ունեցած չեմ, որ կոշտ կեղևի տակից նշմարեմ թաքուցած թանկագին ակը: Հայաստանի կիսավայրենի քաղաքագյուղի մեջ մեծացած, աչքս ճոխության և զեխության փայլին չընտելացած, կյանքի ամեն գեղեցկություններեն զրկած՝ մի՞թե զարմանալի բան է, եթե Սոֆիայի արտաքին փայլն ինձ լուսավորության արգասիք երևեր ու ես բոլոր պատանեկական եռանդովս անձնատուր լինեի նորան, ինչպես մեկ չնաշխարհիկ, եթերական էակի: Սիրելու համար պետք է բավականին հոգեկան զարգացումն, արդյոք ունեի՞ ես այդ, իսկ մարդուս կիրքը շարժելու համար, կիրքը՝ որք շատերը, և գրեթե ամենքը մեր համազգիներեն ընդունում են զուտ սիրո տեղ, պետք է դեռահաս տարիք, եռացող արյուն, երեսի նախշուն տիպարք, աղվաշ [100] աչքեր, թարմ թշեր. ահա պատրաստ է ասիական սերը, որի համար վարդն էլ յուր թերթիկները բացում է, սոխակն էլ արևազալից մինչև արևի մուտքը հնչեցնում է յուր դայլայլիկները, այուզն [101] էլ հրեշտակի բերանից դուրս եկած ման ու ման է գալիս դալարազարդ ծառի պտուտը...

---

[100] Աղվաշ աչքեր – այստեղ՝ շատ գեղեցիկ աչքեր:

[101] Այուզ, այուք - մեղմ՝ դուրեկան քամի, հով, զով, զեփյուռ:

Իհարկե, ես այժմ զարշում եմ Սոֆիայից, և այս զարշանքի մեջ կա կշիռ և գիտակցություն, ես և միայն ես գիտեմ, թե մինչև ո՛ր աստիճան անբարոյական, անուղղա ու թշվառ արարած է նա. ես հրաժարվում եմ այն զգացմունքներեն, որ անխոհեմաբար սնուցանում էր մեջս դեպի նա... Բայց այդ ամենը կհավատա՞ արդյոք հարստացած և յուր գինը արդեն ճանաչող Կատյան... Տեր աստված, տեր աստված, ինչպես անբախտ մարդ եմ ես. իմ սիրտը տակավին սիրո համը ու հոտը չառած՝ պիտի ջախջախվի և անպտուղ թառամի, ինչո՞ւ, ինչո՞ւ: Միթե՞ քանիհինգ տարեկան հասակիս մեջ ես արդեն աշխարհքես խաբված, նորա ամեն քաղցրութենեն զրկված պիտի համարեմ ինքս ինձ: Ինչո՞վ մեղանչել եմ մարդոց առջև: Կատյան վաղուց ինձ սիրում էր, և իմ հոգիս վկայում էր, որ նա մի օր ինձ պիտի հաղթե, ինձ էլ սիրել պիտի տա իրան, ինչպես որ կատարվեցավ իսկ, բայց արդյոք մի օր նա իմ երեսով չի՞ տալ այսքան ժամանակվա սառնությունս դեպի նորան և ձգտումս դեպի Սոֆիան. նորա հոգու մեջ բույն չի՞ դնիլ արդյոք հավիտենական կասկածը, որ իմ սիրտը կիսված է արդեն, կուսական անարատություն չունի...–Ո՛չ, ո՛չ, Կատյան թող վստահ լինի (այս ամենը ես նորան հենց այսօր կասեմ), որ իմ սիրտը ամբողջ է, կիսատ չէ՛, ապականված չէ. այո՛, Սոֆիան նորան խոցոտեց, բայց չի կտրեց ու կեսը հետը չի տարավ: Այժմ իմ սիրտը բոլորովին բուժած է, ամբողջ է ու ազատ է. որին ես կուտամ՝ ամբողջ և առողջ կուտամ, և կուտամ, իհարկե... Կատյային վասնզի...

Այդ միջոցին Կատյան ուրախ դեմքով մոտեցավ ինձ.

— Դե՛հ, սիրական Վարդան. գնա ներս ու պատրաստվիր, ես կերթամ, քեզ համար ինչ ասես հարկավոր բաներ կպատրաստեմ և իսկույն կվերադառնամ, որ քեզ ազատեմ այս ապականված, ձանձրալի տեղեն, որ քու կյանքը ամեն րոպե ավելի և ավելի թունավորում է: Շատ համբերել ես, էլի մի փոքր համբերե, սիրտդ պինդ պահե՝ զվարթ կաց. տկարությունդ թող չի ընկճե քեզ. միայնակ եմ, անտեր եմ է՛լ մի՛ ախիլ. երկու առողջ ձեռքեր ամեն օր կաշխատեն քեզ համար և մեկ տաք սիրտ էլ ամեն րոպե պատրաստ է քու արենաթոր, հիվանդոտ սիրտը գրկելու ու նորա մեջ կենսատու ջերմություն մտցնելու...

— Կա՛տյա ջան, Կատյա ջան, մի՞թե ես արժանի եմ քու այդքան գորովին,— ասացի ու ոտքերին փաթաթվեցա,— Կատյա՛, մի՞թե դու ինձ կարող ես ներել: Մի՞թե ես արժանի եմ, որ իրավունք ունենամ ուղիղ աչքիդ մեջ նայելու, մի՞թե դու բացի արհամարհանքեն ուրիշ բան կըզգաս դեպի ինձ: Չէ՛, չէ՛, դու ինձ մի՛ խաբիլ, դու ինձ երբեք չես սիրել, վասնզի ես քու սիրտը խոր խոցել եմ,— ասացի ու երեխայի նման լալիս էի:

— Ի՞նչ իլավ քեզ, ի՞նչ իլավ, Վարդան ջան, երեխա մի՛ լինիլ, մարդիկ կան, նայում են մեր վիրա, ամոթ է, տղամարդ իլիր, ղոչաղ կաց, այդ ի՞նչ փոքրոգություն է,— ու գրկեց ինձ, զետնեն բարձրացուց,— նի՛ստ այստեղ, հանգստացի՛ր (նստեցուց ինձ մի մոտավոր նստարանի վերա): Դու ինձ ի՞նչ վնաս ես արել, ե՞րբ և ինչո՞վ ես իմ սիրտը ցավցրել, ընդհակառակը, դու դեպի ինձ միշտ քաղաքավարի և մարդասեր ես եղել: Եթե երկու տարի առաջ հավանել էիր Սոֆիային՝ մի՞թե այդ մեկ հանցանք է, Սոֆիան չի կարողացավ քեզ հասկանալու և սիրելու, այժմ ես՝ եմ քեզ սիրում: Տխրելու, լալու, հուսահատվելու տեղ, դու, ընդհակառակն, պետք է ուրախ լինիս և զվարճանաս: Դե՛հ, երեխա մի՛ լինիլ, ղոչա՛ղ կաց, ես շուտ կվերադառնամ ու կառնում, կտանեմ քեզ,– ասաց ու համբուրեց ճակատս, ես առի նորա ձեռքը ու երկար ու տաք համբույր կնքեցի վրան:

Կատյան գնաց, ես էլ մտա հիվանդանոցի դահլիճը. հրամայեցի հալավներս բերելու, այնտեղ արդեն գիտեին, որ ես դուրս պիտի գամ այսօր, հավաքեցի իրեղենքս, դրի պայուսակիս մեջ, ինքս էլ հագվեցա: Բոլոր հալավներս պարկի նման կախ-կախ էին վրաս, ցայն աստիճան նիհարացել էի: Ժամ ու կես անցած-չանցած Կատյան եկավ, միասին նստանք կառք ու գնացինք:

Կատյան ինձ համար մի մեծ, մաքուր, փափուկ կահ-կարասիքով զարդարած սենյակ էր վարձել, թեյ, սուրճ, ճաշընթրիք՝ բոլորը հետը, ամեն օր նշանակած ժամանակին այցելում էր մի գերմանացի բժիշկ և դարմանում էր ինձ: Բժշկի խնամքը, բնակարանիս մաքրությունը և հարմարությունը, կերակուրների առատությունը և մանավանդ Կատյայի հաճախ այցելությունը շուտ վերադարձուցին իմ կորսված առողջությունը, այնպես որ մի շաբաթից ես արդեն սենյակիս մեջ ազատ և հաստատուն քայլերով կարողանում էի ման գալ, երկու շաբաթից՝ օրենը քանի մի ժամ թույլատրած էր ինձ քաղաքական պարտեզների և ճեմելիքների մեջ զբոսնելու, իսկ մի ամսից արդեն կատարելապես առողջացա:

Մի օր Կատյային ասացի՝ «Կատյա, ես վաղուց ուզում եմ քեզ մի գաղտնիք հայտնելու, բայց չեմ համարձակում»...

— Ասա՝ տեսնենք ի՞նչ գաղտնիք ունիս ինձ հայտնելու,— ասաց Կատյան այնպես սիրուն երես անելով, ասես թե մի քնքուշ մայր յուր փոքրիկ երեխայի թոթովանքն է պատրաստվում լսելու:

— Ես բժշկապետության հարցաքննության կեսը արդեն ավարտել եմ, այժմ մնում է մյուս կեսը...

— Այդ ի՞նչ գաղտնիք է,— ասաց Կատյան ծաղրը երեսին,— եթե հարցաքննությունդ կիսակատար մնացել է, ինքն իրան հասկացվում է, որ պետք է ավարտես, այստեղ ի՞նչ գաղտնի բան կա...

— Գաղտնիքը այն է, որ՝ եթե հարցաքննությունս ավարտեմ և բժշկապետ լինիմ՝ որի՞ն ինչ օգուտ տված պիտի լինիմ: Աշխարհիքիս համար բոլորը մեկ չէ՞ թե ես ուսյալ բժշկապետ եմ, կամ հասարակ բժիշկ, կենդանի եմ, կամ մեռած. ո՞վ իմ ուրախությանս ուրախակից պիտի լինի և տխրությանս ցավակից...

— Ի՞նչ ուզում ես ասել,– ասաց Կատյան կարմրելով:

— Այն ուզում եմ ասել, ինչ որ սիրտդ էլ քեզ այս վայրկյանիս ասաց. Կա՛տյա, այն ժամանակ կարո՞ղ եմ հուսալ, որ դու ինձ սրտանց կներես և ինձ կսիրես այնպես, ինչպես որ մի ժամանակ սիրում էիր...

— Մի՞թե այժմ ես քեզ չեմ սիրում:

— Այո՛, սիրում ես, բայց քրոջ պես...

Պատասխանի տեղ, չգիտեմ ինչպես եղավ, որ երկուսս էլ մին մինի սովորականեն ավելի մոտեցանք, գրկեցանք, և շրթունքներես թռան շատ տաք համբույրներ:

Հունիսի վերջին ավարտեցի հարցաքննություններս և հուլիսի մեջերը համեստ կերպով կատարեց մեր պսակը նույն բարեսիրտ Մովսես քահանան:

Պսակիցս քանի մի շաբաթ անցած ես զանազան հայաբնակ քաղաքներ խնդիրներ ուղարկեցի, որ ինձ քաղաքական բժշկի պաշտոն տան. բայց ոչ մեկ տեղե հրավեր չի ստացա: Շատ սպասելից ետ՝ ուրիշ քաղաքներ ուղարկեցի խնդիրներ և ամեն կողմից ստացա հրավերներ: Ես ընտրեցի Վ. քաղաքը: Կատյան յուր գործարանը ծախեց երեսուն հազարի (վերջին տարին նա տասը հազար զուտ տարեկան արդյունք ուներ), ինքն էլ մոտ քսան հազար աշխատած ուներ դրամարկղի մեջ. ամենը միասին պետական դրամանոցը դրեց՝ նեղ օրվա համար, և տեղափոխվեցանք Վ. և ահա վեց տարի է, որ այստեղ կենում ենք հանդարտ, առողջ և հաջողակ:

Աստված մեզ երեք զավակ պարգևեց, երկու որդի ու մի դուստր, նոցա անուններն են՝ Վահան, Աշոտ և Բաբիոն:

Ահա՛ իմ և Կատյայի պատմության շարունակությունը և վերջը:

Իսկ եթե կամենում եք իմանալ ի՞նչ եղավ Սոֆիան, ահա՛ լսեցեք: Երբ որ Դոոզդովը նորան փախցրեց, նախ գնացին նոքա Ստավրապոլ, ուր հյուրանոցումն երեք օր մնացին, հետո, ճարելով մի շինծու անցագիր, գնացին Փարիզ: Փարիզ հասնելով, Դոոզդովը հայտնել է Սոֆիային, որ նորա հետ պսակվելու ամենևին դիտավորություն չունի, այլ «միասին կենանք,— ասել է,— այնպես, ինչպես որ այժմվա նիհիլիստներն են կենում, այսինքն՝ որքան որ մեր փոխադարձ սերը կտնի, մեկ մեկից ձանձրանալից ետ՝ էլ միասին ապրելը անհնար է. ես կերթամ իմ ճամփով, դու էլ կերթաս քու ճամփով»: Բայց այդքան ևս կարողացած չէ յուր խոստմունքը կատարելու, հենց առաջին շաբաթից սկսել է կամաց-կամաց խաբելով ձեռքից փողերը առնելու ու անառակ երիտասարդների ու լկտի կոկետների հետ Փարիզի պանդոկներումը և զբոսարաններումը զվարճանալու: Երբ որ Սոֆիայի քսան հազար մանեթը մսխել պրծել է՝ այնուհետև սկսել է Սոֆիայի ակնեղենները գողանալ և ծախել, այս ևս երկար տևած չէ: Մեկ պատվական օր Սոֆիային հանձնել է յուր անառակ բարեկամներից մեկին, և ինքը փախել է, ոչ ոք չի իմացել, ո՛ւր: Այս կերպով Սոֆիան կարճ միջոցումը ակամա սիրուհի է դարձել մի անպիտան ֆրանսիացի երիտասարդի, որ ժամանակե ժամանակ, երբ փողի պակասությունը շատ նեղում է եղել նորան, Սոֆիայի սերը ու գիրկը ծախում է եղել այս կամ այն վավաշոտ ծերուկին և ստացած փողովն երկուսը միասին ապրում են եղել քանի մի ժամանակ: Այսպիսի կյանքե ձանձրացած, մի օր Սոֆիան փախել է այդ ֆրանսիացիի մոտից և մտել է այնպիսի տուն, ուստի կինարմատը երբեք կենդանի չի դուրս գալիս, նա մեռնում է՝ թե՛ ֆիզիկապես և թե՛ բարոյապես:

Այս չար լուրը հասնում է Ասատուր աղայի ականջին, առաջին նվագ նա ամենևին չի ուզում հավատալ, բայց սաստիկ վրդովվում է: Բարեկամների խորհրդով մի նամակ է գրում Փարիզում բնակվող ռուսաց հյուպատոսին և, մանրամասնաբար հայտնում է նորան յուր լսած անախորժ լուրերը և հարցնում է նորան՝ ճշմարի՞տ են արդյոք այդ ամենը: Հյուպատոսը ստանալով նորա նամակը, յուր գործակալներից մինին ուղարկում է տեղեկանալու, արդյոք ճշմարի՞տ է այս չարաբաստիկ եղելությունը: Գործակալը աչքով տեսել է, որ մարդոց պատմածի մեջ ոչինչ ստություն չիկա: Այդպես էլ ծանուցել է հյուպատոսը Ասատուր աղային: Այս բոթը ստանալով, նույն գիշեր կաթվածը երկու անգամ զարկել է նորան, և մյուս առավոտ նա արդեն անկողնեն դուրս չի կարողացել դնել ոտները: Բժիշկների խորհուրդը պարզապես հայտնել է, որ նորա կյանքը վտանգի մեջ է:

Ասատուր աղան յուր բոլոր ահագին հարստությունը կտակել է, որ եւ մահվանը ընծայվի պետական գանձարանին և կտակի մեջ այսպես գրել հրամայել է. «Տուք զկայսերն կայսեր», և ինքը շուտով մեռել է: Մեռնելից առաջ փոխե՞լ է հավատը, թե ոչ, այդ ոչ ոք չգիտե, միայն այս գիտեն, որ նորա մարմինը հայ քահանաներով չի թաղվում:

Այսպես եղավ Ասատուր աղայի վախճանը:

Մի երեկո, նոր էի վերադարձել հիվանդանոցից և Կատյայի ու երեխեքիս հետ նստել էինք թեյի սեղանի առջև, հանկարծ նախասենյակումը մի շփոթ բարձրացավ, մեկ մարդ ներս է ուզում մտնել, բայց ծառաս թույլ չի տալիս, մարդը տալիս է իմ և Կատյայի անունները, բայց դարձյալ չի թողնում նորան ներս գալու, ասելով. Куда такая дрянь лезет к господам? Ведь срам [102], ей богу!

Շտապով դուրս գնացի տեսնեմ՝ թե ինչ է: Հանկարծ ծառայիս ձեռքից փախ ընկած ներս թռավ մի պատառոտած հալավով, ցիրցան եղած մազերով, կարմիր խոցերով ծածկված հրեսով մի այլակերպ կին. րոպեի մեջ սենյակը օղիի զարշելի հոտով լցվեցավ ներս մտնող կինը սաստիկ հարբած էր:

— Պարո՛ն Վարդան, Կատյա,— այսքան միայն կարողացավ ասել նա, և հետո սկսավ մեկ լալու և մեկ ծիծաղելու:

Ես և Կատյան ապշած նայում էինք և չէինք կարողանում իմանալու, թե ո՛վ պիտի լիներ այս թշվառականը, վասնզի չէինք հիշում, որ երբևիցե, ուր և իցե այսպիսի կնոջ հետ ծանոթություն ունեցած լինեինք:

— Պարոն Վարդան, Կատյա, ինձ չճանաչեցի՞ք... ես Սոֆիան եմ...

---

[102] Срам – խայտառակություն, ամոթ, ամոթանք, խայք:

Բավական է. չեմ ուզում նկարագրել այս զարշելի և ցավալի պատկերը:

Սոֆիան սաստիկ, հիվանդ էր: Իսկույն տարի հիվանդանոց և պատվիրեցի օգնականիս, որ ամեն կերպ հանգստացնե ողորմելի աղջկանը: Ամբողջ վեց ամիս թափեցի վրան իմ բոլոր բժշկական հմտությունը, և հազիվհազ կարողացա ապաքինելու նորա խորունկ և հնացած զազրելի խոցերը: Բոլոր այդ ժամանակ Կատյան հայթայթում էր նորան ամեն պիտույք, չայ, շաքար, սուրճ, կաթ, կարագ, մեր խոհանոցում պատրաստած կերակրից. մեկ խոսքով՝ ինչ որ պետք էր, առատ-առատ ուղարկում էր նորան: Երբ որ բոլորովին առողջացավ, ես հարցուցի Սոֆիային, թե ի՞նչ միտք ունի ձեռնարկելու, «կամենաս՝ մնա՛ իմ տանս,– ասացի,— կամենաս՝ գնա Հաշտարխան՝ ես քեզ ամեն կերպով պատրաստ եմ օգնելու: Գուցե մի օր մի լավ մարդ գտնես՝ պսակվի՛ր, քու օժիտը ես կպատրաստեմ...»:

— Հա՛, հա՛, հա՛,– ծիծաղեցավ Սոֆիան,– բախտի դռներն այսուհետև իմ առջև հավիտյան փակված են: Ես ձեզանից միայն շնորհք եմ խնդրում, որ է՝ թույլ տաք ինձ, որ ես ձեր տան մեջ նաժիշտ լինիմ: Այս է իմ մեկ հատիկ փափազը, ձեզ երկուսիդ ծառայություն անելե զատ ուրիշ բախտ չի՛ կա ինձ համար:

Շատ զոռ արի, որ հրաժարվի այդ ցնորական դիտավորութենեն, բայց համոզել չկարողացա, ու զիջանելով նորա աղաչանքին ու արտասուքին, վերջապես հոժարեցանք նորան մեր տան մեջ դայակի պաշտոն տալու:

Ամբողջ տարի ջերմեռանդությամբ կատարեց Սոֆիան յուր վրա առած ստոր պարտավորությունը, ոչ մեկ աշխատություն նրա համար ծանր, տաղտկալի կամ նվաստացուցիչ չէր երևում, ոչ մի անգամ նա թույլ տված չէ՛, որ կամ ես, կամ Կատյան, կամ երեխաներս իրանից անզոհանակ մնայինք, ինչ որ ինքը կարողանում էր անելու, երբեք թույլ չէր տալիս, որ ծառաները անեին, տանս մեջ ոչ մեկ անկարգություն չի նկատեցի ամբողջ մի տարի, ամեն բան յուր տեղումն էր. ամենայն ինչ սենյակի մեջ մաքուր էր. երեխերքս միշտ մաքուր հագնված էին: Բոլոր օրը ոտքի վրա էր Սոֆիան. մեկ կահկարասիքի փոշին էր սրբում, մեկ սենյակներն էր ավելում կամ հավաք-տեղակ անում, մեկ երեխեքի պատառոտած հալավներն էր կարկատում, մեկ նոցա ցխոտած կոշիկներն ու մաշիկներն էր սրբում, մեկ լվացք էր անում, մեկ ծծի երեխիս էր օրորում, միով բանիվ՝ միշտ գտնում էր տան մեջ գործելու մի գործ, նա չգիտեր՝ թե ինչ է նշանակում մի րոպե նստել ու հանգստանալ: Որքան էլ կանուխ զարթեի՝ Սոֆիան միշտ արթնացած էր ու տան աշխատանքով էր արդեն զբաղված, որքան էլ գիշերը ուշ վերադառնայի տուն՝ նա դարձյալ արթուն էր և դարձյալ մի աշխատանք կունենար: Եթե աշխատելու բան չլիներ՝ նա սկսում էր երեխեքիս համար գուլպաներ գործելու: Քանի՛-քանի անգամ Կատյան և ես ասել ենք. «բավական է Սոֆիա ջան, այդ որքան աշխատես, ինքդ քեզ խնայե, մի փոքր էլ նիստ, դադար տուր ոտքերիդ ու ձեռքերիդ»:

— Ա՛խ, պարոն կամ տիկին,— ասում էր նա,– այս ի՞նչ աշխատանք է որ իմ արածը, եթե դուք տեսնեիք օտար աշխարհի կնանիք ինչպես աշխատել գիտեն, այն ժամանակ դուք ինձ մեկ րոպե ձեր տանը մեջը չէիք պահիլ: Ու նորանոր եռանդով շարունակում էր յուր ընդմիջած գործը:

Սոֆիայի գալովը ասես թե մի բարերար գեղեցիկ ճառագայթ փայլեցավ իմ տան մեջ,– քանի՛-քանի անգամ այս խոսքերը ինձ ասել է Կատյան: Երեխայքս խո մոր պես սիրում ու պատվում էին նորան. նորա գրկից ցած չէին իջնում. «Սիրուն Սոֆիա, բարի Սոֆիա, ոսկի Սոֆիա»,– այս էր նորա անունը երեխերքիս բերանումը:

Ոչ մի անգամ չհիշեց Սոֆիան ոչ յուր և ոչ մեր անցյալը, չհիշեց յուր ծնողաց անունները, չհիշեց յուր բախտավոր և չարաբաստիկ օրերը, ասես թե Սոֆիան անցյալ չուներ և նորա կյանքի սկիզբը այն օրն էր, երբ առաջին անգամ իբրև նաժիշտ մտավ նա մեր տուն: Կուզեք հավատացե՛ք, կուզեք՝

չէ, բայց ես այս նոր Մագդաղինացի Մարիամին [103] շատ անարատ կույսերի հետ չէի փոխել, եթե ամուրի երիտասարդ լինեի:

Թեև ես ստանում եմ հայոց լրագիրներ՝ «Մեղու Հայաստանի», «Մշակ», «Արձագանք» և այլն, բայց ամեննին ժամանակ չունիմ նոցա կարդալու, բայց Կատյաս ոչ մի թվահամար չի թողնում չի կարդացած: Նորա լրագիրը կարդալու ժամանակն է տասնըմեկից մինչև տասներկուսը, իսկ և իսկ այն ժամանակ, երբ ես անպատճառ հիվանդանոցումն պիտի գտնվիմ: Կատյայի ասելովն, Սոֆիայի աշխարհիքիս երեսին մի հատիկ սիրած բանը եղել է լսել Հայաստանից ստացված լուրերը: Վերջին ժամանակները, երբ տաճիկների կասկածը շատացավ և քրդերի ավազակությունն ու մարդասպանությունը սաստկացավ, Սոֆիան արդեն տենդահույզ անհամբերությամբ սպասում է եղել լրագիրների գալուն:

Մի օր, երբ Կատյան ու ես նստած էինք, ներս մտավ Սոֆիան ու ասաց մեզ. «Երեք օրից ես պետք է երթամ այստեղից, դուք ձեզ համար մեկ նաժիշտ պատրաստեցեք»:

— Ի՞նչ եղավ քեզ, Սոֆիա ջան,– ասաց Կատյան երեսը սպրդնած,– ինչո՞վ մեզանից անբավական ես, ո՞վ ցավեցուց քու սիրտը:

— Ամեն բանով բավական եմ ձեզանից, տիկին, իմ սիրտը ոչ ոք ցավեցրած չէ. բայց ես պետք է երթամ:

— Ո՞ւր պիտի երթաս. ինչի՞ պիտի երթաս, Սոֆիա ջան, մնա մեր մոտ, բավական է տանջվածդ,– ասաց Կատյան:

— Պետք է երթամ,– ասաց Սոֆիան, թեև վրայից երևում էր, որ հազիվ կարողանում է բռնել սրտի փղձուկը և աչքերի արտասուքը:

— Կասե՞ս մեզ վերջապես, ո՞ւր պիտի երթաս, ինչո՞ւ պիտի երթաս,— ասացի ես:

---

[103] Մագդաղինացի Մարիամ – ըստ Աստվածաշնչի Մարիամը Քրիստոսի օգնությամբ դարձի է գալիս իր անբարոյական կյանքից և դառնում նրա հետևորդը. փոխ. դարձի եկած կին:

— Վան պիտի երթամ,— ասաց Սոֆիան,— այնտեղ մեր հայ եղբայրները և քույրերը տանջվում են աղքատության և անողորմ թշնամիների մեջ, իսկ ես այստեղ փափուկ և հանգիստ կյանք եմ անցնում: Կերթամ նոցա հետ կապրիմ, նոցա հետ կտանջվիմ, կարելի է նոցա հետ էլ կմեռնիմ: Այս քաղաքը շատ լավ քաղաք է, բայց հայի չէ՛, ես կերթեմ, հայերի մեջ կկենամ, հայերի մեջ էլ կուզեմ թաղվելու:

Երբ որ այս խոսքերը վերջացուց, էլ չկարողացավ արտասուքը բռնելու ու կողկողագին ձայնով լացեց: Ես, Կատյան և երեխերքս նմանապես լացինք:

Ինչպես որ ասաց, այնպես էլ արավ Սոֆիան: Երեք օրից հեռացավ մեզանից և հետը առավ միայն յուր ռոճիկը ու բացեիբաց հրաժարվեցավ, երբ որ ես և Կատյան առաջարկեցինք նորան բարեկամական ընծա առնելու մեզանից հազար մանեթ:

Մեկ ամսից Արզրումից մի համառոտ նամակ ստացանք, ուր հայտնում էր նա, որ հետեյալ օրը ճանապարհ պետք է ընկնի դեպի Վան: Եվ ահա՛ ութն ամսից ավելի է, որ Սոֆիայից ոչինչ լուր չունենք, կենդանի՞ է, թե մեռած՝ չգիտենք: Քանի՛-քանի անգամ մեր հյուպատոսին նամակ գրեցի և մանրամասն նշանակելով Սոֆիայի բոլոր հանգամանքն, խնդրեցի, որ ինձ տեղեկություն տա նորա մասին: Նամակներիս պատասխանը շուտ եկավ, բայց Սոֆիայի մասին հյուպատոսը ոչինչ բան չգրեց, վասնզի ինքն էլ ոչինչ տեղեկություն ստանալ կարողացած չէ: Սպանե՞լ են արդյոք քրդերը, կամ չերքեզները, կալանավորե՞լ են նորան՝ ոչինչ չիմացանք:

Առ ժամս այս է Սոֆիայի վախճանը:

Իսկ Դռոզդովի մասին ձեզ այս կասեմ: Տարի ու կես սորանից առաջ պաշտոնական գործերով Պետերբուրգ էի գնացել: Մի անգամ Ցելիբենի խանութումը Կատյայիս և եխերքիս համար ոտնամաններ էի ընտրում. հանկարծ ներս մտավ ցնցոտի նշանազգեստով, մի ոտին պատառոտած կոշիկ և մյուս ոտին՝ գութափեռչե կրկնակոշիկ հագած, արբշռությենից[104] քիթը կարմրած ու կապուտկած, գլխու մազերը թափած, ինքն էլ սաստիկ հարբած մի սպա և մոտեցավ ինձ, մասամբ ռուսերեն և մասամբ ֆրանսերեն ասաց. «Պարո՛ն, ձեր առջև կանգնած է ռուսաց քաջ զորքի ազնիվ սպան, ես ձեր երեսից տեսնում եմ, որ դուք բարի և ազնիվ մարդ եք. եթե մի քանի ռուբլի կարող են բախտավորեցնել ռուսաց քաջ զորքի, ազնիվ սպային, խնդրեմ, մի՛ խնայեք, վասնզի տանս մեջ մայրս մեռած է, սեղանի վրա դրած է, թաղելու փող չունիմ. կինս հիվանդ պառկած է, ճարի փող չունիմ, յոթը երեխայքս սովից մեռնում են, հացի փող չունիմ»: Խանութի տեր պարոն Ցելիբենը՝ լսելով այս ճառը, ասաց. «Պարոն սպա՝ այս քանի տարի է, որ դու միևնույն երգն ես երգում, եթե ասածդ ճշմարիտ լիներ՝ մայրդ վաղուց հող դարձած պիտի լիներ, կինդ և յոթը զավակներդ էլ մեռած: Առ այս հինգ կոպեկն ու գնա. օղիի համար քեզ այսքանից ավել հարկավոր չէ»:

Ուշադրությամբ նայեցի սպայի երեսը և իսկույն ճանաչեցի իմ ախոյան Վլադիմիր Դոռզդովին: Բացի քսակս, մեջից երեք մանեթանոց հանեցի ու տվի իրան: Տեսնելով այսպիսի անակնկալ բախտ, Դոռզդովը բռնեց ձեռքս և ուզում էր պագնել, բայց ես զոռով ետ քաշեցի: Այս վերջին անգամն էր, որ նորան տեսա: Սոցա նմանների վախճանը հայտնի է. ձմեռվա մի ցուրտ գիշեր անշուշտ սառած կտեսնեն սորան կամ օղետան մոտերը կամ մեկ խուլ փողոցի տան պատի տակ:

Սոֆիայի մայրը, Օսաննան, մինչև այժմ կենդանի է, և կենում է Մոսկվայի անկելանոցների[105] մինի մեջ: Նորա սիրած խոսակցությունն է, ասում են, հայերին հայհոյելը, որոնք իբր թե նորան այս անբախտության հասցրել են:

---

[104]Արբշռություն - հարբածություն:

[105] Անկելանոց - հիմնարկություն, որտեղ պատսպարվում և խնամվում են ծերունիները, վատուժները, աշխատանքի անընդունակ տնանկները:

ՑԱՆԿ

www.ingramcontent.com/pod-product-compliance
Lightning Source LLC
Chambersburg PA
CBHW032122020726
47494CB00007BA/2198
9781604448269